, 경제학, 정치학을 전공했
독일 언론사 《악치엔아날
편집자로 일했다. 2002년부터 주식 정보 사이
트를 운영하고 있다. 저서로는 독일 아마존 베스트셀러에 오른 『쉽
게 이해하는 주식Börse leicht verständlich』, 『실전에 적용하는 주식정보
Börseganz praktisch』, 『잃지 않는 투자법Verschenken Sie kein Geld』 등이 있다.

하인츠 핀켈라우 Heinz Vinkelau
뮌스터대학교에서 국민경제와 경제사를 전공했다. 15년간 출판사에
서 편집자로 일하다가 현재는 창업 컨설턴트로 활동하고 있다.

감수　**신진오**
'한국 가치투자의 원조' 신영증권에서 주식운용 담당 임원을 역임했
다. 1992년 외국인에게 한국 증시가 개방되기 직전 '저PER 혁명'을
주도하여 한국 가치투자의 서막을 열었다. 1998년 IMF 외환위기 당
시 핵심 블루칩을 대량 매수했다가 큰 성공을 거둬 화제를 모으기도
했다. 오랜 실전 운용 경험을 바탕으로 『전략적 가치투자』, 『현명한
투자자 2 해제』를 펴냈다. "핵심 우량주를 보유하면 시간이 흘러갈수
록 유리해진다"라는 의미의 필명 'ValueTimer'로 유명하다. 가치투
자 독서클럽인 '밸류리더스' 회장으로 활동하고 있다.

번역　**강영옥**
덕성여자대학교 독어독문과를 졸업하고 한국외국어대학교 통역번역
대학원 한독과에서 공부한 후, 여러 기관에서 통번역 활동을 했다. 현
재 번역 에이전시 엔터스코리아에서 번역가로 활동 중이다. 옮긴 책
으로는 『말의 마지막 노래』, 『아름답거나 혹은 위태롭거나』, 『인간과
자연의 비밀 연대』, 『호모 에렉투스의 유전자 여행』, 『자연의 비밀 네
트워크』, 『바이러스』, 『200세 시대가 온다』, 『노화, 그 오해와 진실』,
『워런 버핏』 등 다수가 있다.

더 클래식 벤저민 그레이엄

벤저민 그레이엄

증권 분석의 창시자

조 카를렌·하인츠 판켈라우 지음 | 강영욱 옮김 | 신진오 감수

Benjamin Graham

더 클래식

다산북스

"가치투자와 관련된 모든 책에는

그레이엄의 주석이 존재한다."

– 셀 수 없이 많은 위대한 투자가

THE INTELLIGENT INVESTOR
THE INTELLIGENT
INVESTOR
BENJAMIN GRAHAM
A guide for the general reader to wise investment practice under today's financial conditions
HARPER & BROTHERS
ESTABLISHED 1817

주식 투자라는
위대한 세계를 연 남자

--- 서문 ---

많은 사람이 워런 버핏Warren Buffett을 포함해 엄청난 투자 수익률을 기록한 투자 고수들의 뒤를 잇겠다며 증권 시장에 뛰어들고 있다. 하지만 정작 위대한 투자의 영웅들이 무엇을 보고, 무엇을 듣고, 무엇을 깨달았는지에 대한 이야기에 귀 기울이려는 투자자는 많지 않은 것 같다.

과거 수십 년 혹은 수백 년 동안 성공적인 길을 걸어온 투자의 귀재들이 있다. 그리고 이들의 투자 전략은 이미 검증되었다. 그런데 왜 사람들은 이미 검증된 전략을 놔두고 엉뚱한 곳에서 길을 찾으려 하는 걸까? 대가들의 전략을 모방하는 것은 결코 부끄러운 일이 아니다. 오히려 어떤 전략이 성공적인지 알고 이해한 뒤, 그로부터 새로운 전략을 발견해 실천에 옮기는 남다른 능력을 발휘해야 한다.

투자를 하는 사람들이 잊고 있지만 그 어떤 격언보다 진실에 가까운 격언이 있다. "사람들은 10만 달러를 잃을 때까지 온갖 멍청한 짓을 한다." 사람들은 대체 왜 검증된 투자법을 무시한 채 자신의 아이디어만 고집할까? 왜 그렇게 실수를 되풀이하다 빈털터리가 되어서야 과거를 후회하고 절망할까? 우리는 그 모든 실패의 근원에는 무지가 자리하고 있다고 생각했다.

물론 이 책 한 권으로 전설적인 투자자들의 어린 시절을 전부 들여다볼 수는 없지만, 그럼에도 당신은 이 책을 통해 그들이 어떤 과정을 통해 배웠고 어떤 특성을 가진 인물로 성장했는지 알게 될 것이다. '더 클래식' 시리즈 1부에서는 먼저 전설적인 투자자들의 성장 과정을 다루고, 2부에서는 위대한 투자자들의 투자 성공기와 그들만이 가진 전략을 소개하려 한다.

투자의 귀재들로부터 투자법과 철학을 배운다면 잘못된 길로 빠질 가능성이 현저히 낮아질 것이다. 물론 그들의 전략을 그대로 베끼라는 뜻은 아니다. 이미 큰 성공을 거둔 투자자들의 결정 과정과 방식을 이해하면 투자에 도움이 된다는 이야기다. 이러한 관점에서 트렌 그리핀Tren Griffin이 쓴 『워렌 버핏의 위대한 동업자, 찰리 멍거』는 유용한 책이다. 이 책에서 그리핀은 이렇게 말했다.

> "찰리 멍거Charles Munger와 워런 버핏처럼 성향이 비슷한 사람도 없을 것이다. 이들의 롤모델은 많은 사람이 본받고 싶어 하는 벤저민 프랭클린Benjamin Franklin이었다. 다만 그를 영웅으로 숭배하기보다는 그의 품성, 성격, 체계, 인생에 대해 진지하게 고민했다. 특히 멍거는 수백 편의 자서전을 읽는다. 직접 체험하지 않고 다른 사람의 실패로부터 교훈을 얻는 것은 가장 빠르게 똑똑해지는 방법이기 때문이다."

바로 이것이 주식 투자 후 바로 수익을 내지 못해도 위대한 투자의 거장들이 꿋꿋이 버틸 수 있었던 힘이었다. 버핏은 현대 주식 시장 역사상 가장 유명하고 성공한 투자자로 손꼽힌다. 그는 입버릇처럼 "투자는 단순하지만 쉬운 일은 아니다"라고 말한다. 그의 영원한 파트너인 찰리 멍거 역시 "단순한 아이디어를 진지하게 다루라"라고 이야기한다. 이처럼 투자에 성공하는 데에 어떤 신묘한 재주나 비법이 필요한 건 아니다.

우리가 '더 클래식' 시리즈를 통해 소개하는 전략 역시 대부분 아주 단순하다. 하지만 가슴에 손을 얹고 생각해 보기 바란다. 그토록 기초적이고 간단한 투자의 규칙 중에서 제대로 알고 있거나 실전에 활용하고 있는 내용이 단 하나라도 있는가? 우리는 왜 이토록 검증된 투자법을 그동안 외면해 왔을까? 이 책이 그러한 문제의식에 답하는 첫 번째 공부가 되길 바란다.

투자가들의 스승
벤저민 그레이엄의 진정한 가르침

벤저민 그레이엄은 '월스트리트의 스승', '가치투자의 아버지'라고 불리는 인물입니다. 사실 지금도 주식 시장에는 '세력이 들어왔다', '작전이 걸렸다', '대주주가 개입되었다'는 등 각종 투기가 난무하고 있습니다. 그레이엄이 한참 활동을 하던 시기에는 훨씬 더했을 것입니다. 게다가 기업의 재무제표나 사업보고서도 제대로 확인하기 어려운 시대였습니다. 암실처럼 아무것도 보이지 않는 환경이었기 때문에 정상적인 투자를 하기가 거의 불가능한 상황이었지요. 그런 상황에도 불구하고 '투자는 이렇게 해야 한다'는 원칙을 설파하는 데는 실로 대단한 용기가 필요했을 것입니다.

경영학과에서는 대체로 '효율적 시장가설'이나 '포트폴리오 이론'을 중심으로 투자론을 가르치고 있습니다. 효율적 시장가설이란 어떤 정보를 새롭게 입수하더라도 초과 수익을 거둘 수 없다는 이론입니다. 이 말이 사실이라면 굳이 정보를 얻으려고 애쓸 필요도 없습니다. 그냥 시장이 흘러가는 대로 몸을 맡기는 게 최선의 전략일 것입니다. 포트폴리오 이론은 다르게 움직이는 여러 종목에 골고루 분산해서 투자하면 수익 대비 위험을 낮출 수 있다는 이론입니다. 이 이론에 따르면 궁극적으로는 모든 종목으로 구성된 시장 포트폴리오, 즉 인덱스 펀드가 유용하다는 결론에 다다르게 됩니다.

두 가지 이론을 합쳐보면 인덱스 펀드를 사두고 방치하는 것이 최선입니다. 애써 유망 종목을 찾을 필요도 없고 포트폴리오를 어떻게 구성할까 고민할 필요도 없는 것이지요.

결국 투자회사가 할 일은 자산 운용을 잘하는 것이 아니라, 펀드를 얼마나 많이 판매하느냐가 되는 셈입니다.

그레이엄은 자신의 책『벤저민 그레이엄의 증권분석』에서 '투자란 철저한 분석을 통해 원금을 안전하게 지키면서도 만족스러운 수익을 확보하는 것'이라고 정의했습니다. 여기서 우리가 주목해야 하는 것은, 철저하게 분석하는 대상이 주가 흐름이 아니라 '사업 펀더멘털Fundamental'이라는 점입니다. 기업이 돈을 잘 벌면 언젠가는 주가에 반영된다는 믿음이 담겨져 있는 것입니다. 즉, 가격은 가치에 장기적으로 효율적이라는 뜻입니다. 다만 단기적으로는 가치와 가격에 괴리가 있을 수 있고, 이럴 때를 노려 가치에 비해 주가가 저렴할 때 매수한다면 비교적 높은 확률로 수익을 확보할 수 있다는 것이 그레이엄의 주장입니다. 시장이 항상 효율적이라는 효율적 시장가설과는 다른 시각이지요. 그래서 그레이엄은 '내재가치보다 저평가된 기업'에 주목했습니다.

그레이엄은 36살인 1930년에 이미 백만장자 대열에 합류

할 정도로 성공한 투자가였습니다. 93살의 성공한 은퇴 사업가인 존 딕스John Dix를 만났을 때, 그레이엄은 자만심으로 가득 차 있었다고 합니다. 당시 그레이엄은 많은 빚을 져가며 주식 투자를 하고 있었습니다. 딕스는 부채를 줄이라고 충고했지만 그레이엄은 이를 받아들이지 않았습니다. 그러나 자신만만하던 그레이엄은 추후에 대공황의 여파로 70퍼센트가량의 손실을 입게 됩니다.

그는 이처럼 뼈아픈 손실을 겪으면서 부채 사용과 종목 선정에 매우 신중해집니다. 당시는 엄청난 불황이 시장을 잠식했던 시절이었기 때문에 무엇보다도 기업들의 생사 여부가 중요한 시점이었습니다. 그래서 그레이엄은 부도가 나지 않을 정도로 유동자산이 충분한 기업에 주목하게 되었습니다.

구체적으로 그레이엄은 순유동자산가치Net Current Asset Value (NCAV)보다 저평가된 종목을 강조합니다. 사실 이 기준은 대공황과 같은 비상시국에 계좌가 제로가 되는 것을 방지하기 위한 '생존형 투자법'입니다. 하지만 비상시국이 아니더라도 초보 투자자에게는 이 방식을 추천했을 것입니다. 아직은 투자 지식이 별로 없고, 위험을 감당할 수 있는 수준도 아니기 때문입니다. 그레이엄은 초보 투자자를 '방어적 투자자'라고 정의했는데요. 이들에게는 높은 수익보다 원금의 안전이 더 중요하다고 생각한 것입니다.

하지만 그레이엄은 『현명한 투자자』에서 '적정PER = 8.5 + 성장률 × 2배'라고 밝히고 있습니다. 이는 '적정PER = 성장률'이라고 말한 피터 린치Peter Lynch에 비해 성장률을 두 배나 중시한다는 의미입니다. 바로 이것이 그레이엄의 관점이었습니다. 다시 말해서 초보 투자자의 수준을 벗어난 정도의 투자자, 즉 적극적 투자자나 투자 전문가라면 성장주에 투자하라는 뜻입니다. 그러므로 그레이엄을 자산 가치만을 강조한 투자자라고 생각하는 것은 오해입니다.

『현명한 투자자』에서 그레이엄은 안전마진에 대해 이렇게 설명합니다.

　"안전마진은 주식 수익률이 채권 수익률을 훨씬 초과

할 때 확보된다."

여기서 주식 수익률이란 주가수익비율Price Earning Ratio(PER)의의 역수를 의미합니다. 이자를 감당하고도 이익이 상당히 남아 있어야 안전마진이 확보된다는 의미입니다. 안전마진은 주식 수익률에서 채권 수익률을 차감한 비율입니다. 혹시라도 불황이 닥쳐서 자기자본이익률Return On Equity(ROE)이가 저하되더라도 채권 수익률보다는 상회해야 한다는 것입니다. 그래야 기업이 부도가 나지 않겠지요.

다만 주식 시장에서 기업의 사업 전망에 대해 너무 우려한 나머지 내재가치 대비 지나치게 싼 주가를 형성하고 있는 이류 주식의 경우에는 '내재가치와 가격의 괴리'를 안전마진으로 간주할 수 있다고 했습니다. 단, 이런 이류 주식들은 버핏의 용어로 표현하면 '초보 투자자들의 능력 범위 내에 존재하지 않는 종목들'입니다. 그러므로 보다 전문적인 지식을 갖추고 있고 경험도 풍부한 적극적 투자자나 투자 전문가들만 취급해야 합니다.

안전마진을 주제로 책을 쓴 세스 클라먼Seth A. Klarman이나 피터 컨딜Peter Cundill 등이 안전마진을 내재가치에서 주가를 차감한 값이라고 설명하는 이유도 투자 전문가의 관점에서 보기 때문입니다. 그레이엄이 주장하는 핵심은 주가가 얼마나 싼지가 아니라, 펀더멘털이 얼마나 튼튼한지였던 것입니다.

심지어 그레이엄의 수제자라는 워런 버핏마저 그레이엄이 NCAV에 집착하고 내재가치 대비 싼 주가만을 강조하는 '담배꽁초 전략 투자자'라고 폄훼하고 있는데요. 스승의 진정한 가르침을 깨닫지 못했던 것으로 보입니다. 아마도 초창기의 버핏은 그레이엄이 보기에 초보 투자자를 벗어나지 못하는 수준이었기 때문에 당시에는 일단 자산 가치를 중시하라고 가르쳤을 것입니다. 은퇴 직전의 그레이엄이 보기에는 30대에 불과한 청년인 버핏과 멍거가 어설픈 초보 투자자로 보였을 테지요.

그러므로 버핏이 나중에 그레이엄의 담배꽁초 방식에서 벗어나 성장기업에 주목하게 되었다는 것은 올바른 해석이 아닙니다. 자식을 낳아봐야 비로소 아버지의 마음을 알게 되는 것처럼, 버핏도 성장해서 내공이 깊어지고 나서야 스승인 그레이엄의 진정한 가르침을 자신도 모르게 깨닫게 된 것입니다. 실제로 그레이엄이 투자한 주력 종목은 자동차 보험회사 가이코GEICO였는데, 가이코는 자산 가치로 따지면 우량주가 아니었습니다. 어설프게 그레이엄을 흉내내며 망해가는 섬유회사를 샀던 버핏이 그레이엄의 진짜 주력 종목에 해당하는 보험사를 우연히 인수해서 기사회생한 셈입니다.

그레이엄은 다방면에 박식하고 다재다능한 천재였습니다. 돈에 대한 욕심도 크지 않아서 적당히 벌고 적당한 나이에 은퇴했습니다. 그가 만약 살아 있다면 버핏에게 이렇게 충고했을지도 모릅니다.

> "이봐 버핏, 세상에 얼마나 재미있는 게 많은지 자네는 정말 모르는 것 같아. 돈만 생각하고 살기에는 우리 인생은 너무 짧고 소중하다네. 주식 투자는 이제 그만하고 인생 속에서 진정한 가치를 찾아보게."

어쩌면 그레이엄이 몸소 보여주며 진정으로 가르치고 싶었던 것은 보다 가치 있는 삶을 즐기는 방법일지도 모릅니다. 그레이엄의 가르침을 전하는 이 책이 투자는 물론, 여러분의 인생에 결정적인 이정표를 제시해주는 '인생 책'이 되길 바랍니다.

밸류리더스 회장

신진오

목 차

1부 벤저민 그레이엄의 삶
주식 투자계의 뉴턴

2부 벤저민 그레이엄의 투자 철학
불확실성과 친구가 되어라

부록

1부
벤저민 그레이엄의 삶

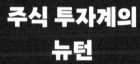

주식 투자계의
뉴턴

낙관으로 사지 말고 산수로 사라.

가치투자의 아버지

"그레이엄은 증권 분석가들에게 영원한 스승이다. 그레이엄 이전에는 증권 분석가라는 직업이 아예 존재하지 않았고, 그레이엄 이후부터 증권 분석가라는 명칭이 본격적으로 사용되었다."[1]

벤저민 그레이엄은 '모든 월스트리트 투자가의 스승'이었다. 그는 내부 정보와 유행이 아니라 기업의 '내재가치'를 주식 매수의 결정 기준으로 삼은 최초의 증권 분석가다. 당시에는 이례적이라 여겨졌던 방법으로 그는 주식 투자에 일대 혁명을 일으켰다. 그레이엄이 발전시킨 가치를 기반으로 하는 투자, 이른바 가치투자Value Investing 이론은 투기성이 높은 주식을 매수하게 될 리스크를 100퍼센트 가까이 제거할 수 있는 아주 건전한 전략이었다. 이 전략 덕분에 그레이엄을 비롯한 그의 제자들, 투자의 거장 워런 버핏과 찰리 멍거, 빌 루안Bill Ruane 등은 주식 투자로 큰 성공을 거두며 억만장자의 반열에 올랐다.

가장 성공한 가치투자자인 워런 버핏은 그레이엄 그룹과의 첫 만남에서 그레이엄이 맡은 선구자적 역할에 대해 다음과 같이 이야기했다.

> "저는 지금 이 자리에 계신 분들 중 몇몇은 연설을 길게 하는 걸 좋아하지 않는다는 것을 알고 있습니다. 그러니 간단히 말하겠습니다. 그레이엄이 벌이라면 우리는 꽃입니다! 저는 초청객 목록을 보자마자 우리가 벤저민에게 배운 투자법을 명심하고 실천하지 않는다면 이 만남이 터키 카펫 경매 행사로 변질될지 모른다는

두려움에 사로잡혔습니다."**2**

'그레이엄과 도드 마을의 위대한 투자자들The Superinvestors of Graham-and-Dodd's ville'이라는 제목으로 유명한 이 연설에서 버핏은 그레이엄을 '가치투자의 선구자'라고 칭했다.**3**

성공한 투자자로 꼽히는 빌 루안도 그레이엄을 '가치투자의 아버지'라 표현하며 그의 업적을 기렸다.

"그레이엄이 제안한 투자법 덕분에 사람들은 수치에 담긴 진실을 꼼꼼히 따져볼 수 있게 되었다."**4**

"두 사람(그레이엄과 버핏)은 완벽한 조합이다. 둘은 가 투자의 바이블과 같은 책을 썼는데, 그레이엄은 구약 을, 버핏은 신약(구약이란 벤저민 그레이엄의 『벤저민 그레이 엄의 증권분석』을, 신약이란 워런 버핏의 '주주서한'을 말한다)을 썼다."**5**

투자란 철저한 분석을 통해 원금을 안전하게 지키면서도

만족스러운 수익을 확보하는 것이다.

유복하지 못했던
어린 시절

───── 1894~1910 ─────

벤저민 그레이엄은 1894년 런던에서 아이작 그로스바움 Isaac Grossbaum과 도라 그로스바움Dora Grossbaum 부부의 셋째 아들로 태어났다. 영국 국민이었던 그들은 1895년에 미국으로 이주했다. 제1차 세계대전이 시작되자 미국에는 반독일 정서가 심해졌고, 그레이엄 가족은 독일계 성인 '그로스바움'을 스코틀랜드계 성인 '그레이엄'으로 개명해야 했다. 이후 제1차 세계대전이 종전되고 나서야 벤저민 그레이엄은 미국 시민권을 취득했다.

그로스바움 가문은 영국에서 도자기 무역을 하며 대대로 부를 쌓아왔다. 그러던 중 1895년 벤저민의 조부가 미국 시장으로 사업을 확장시키기로 결심하고, 아들 아이작과 그의 가족을 저 먼 미국 땅으로 보낸 것이다. "1895년 우리 다섯 식구는 뉴욕으로 떠났다. 내가 막 돌이 되었을 무렵이었다. 그나마 우리는 2등석 승객이었기 때문에 보건 당국 검역의의 검진을 쉽게 통과해 제2의 고향으로 입국할 수 있었다. 이민 신청서나 공식 절차도 필요 없었다. 뉴욕항의 엘리스아일랜드에서 출입국 심사를 받는 3등석 승객들에게만 서류를 요구했다."[6]

미국에 도착하자마자 아이작 그로스바움은 새로운 거래처를 뚫기 시작했다. 그레이엄이 회고록에 기술했듯이 그의 아버지는 자주 출장을 다녔고, 그 덕분에 사업도 순항을 이어갔다. "아버지는 뛰어난 사업가였다. 통찰력 있고, 열정적이고, 상황 판단이 빠른 분이셨다. 하지만 말년에 영국 지사의 사업 실적이 좋지 않아 영국에 계신 조부모님은 물론이고 삼촌과 고모, 이모, 사촌들까지 아버지가 미국에서 번 돈으로 먹고살아야 했다. 가족과 일가친척을 모두 부양

하려면 엄청난 돈이 필요했기 때문에 아버지는 정신없이 일에 매달렸고, 전국 방방곡곡으로 쉬지 않고 출장을 다니셔야 했다."[7]

바쁜 아버지를 대신해 세 아들의 교육은 어머니 도라 그라스바움이 책임졌다. 장남 레온과 막내 벤저민은 순종적인 아이였던 반면 둘째 빅토르는 반항적인 문제아로 자랐다. "장남인 레온은 침착하고 원만한 성격을 가진 아이였다. 그래서 종종 어려움에 빠지기는 했으나 그는 절대 사고는 치지 않았다."[8]

여섯 살 반이 되었을 때 벤저민은 어머니를 졸라 학교에 입학했다. 그는 열의가 넘치고 총명한 학생이었다. 그러나 1900년대에 접어들면서 그레이엄 가족에게 고난이 찾아왔다. 그로스바움 가문의 기둥이었던 벤저민의 조부가 폐렴으로 사망한 것이다. 설상가상으로 벤저민의 아버지도 1년 후에 35세의 젊은 나이로 췌장암에 걸려 세상을 떠났다. 그때 벤저민의 나이는 아홉 살도 채 되지 않았다. 벤저민은 아버지의 죽음이 자신의 가족에게 어떤 영향을 끼쳤

는지에 대해 다음과 같이 기술했다. "아버지가 돌아가신 후 우리 가족의 생활수준은 완전히 달라졌다. 고난을 극복하는 과정은 길고도 험한 여정이었다. 우리 가족은 사회적 몰락에서 벗어나려 기나긴 싸움을 해야 했다."**9**

결국 벤저민의 어머니가 총대를 멨다. 그녀는 집안을 다시 일으키기 위해 시댁 식구 세 명과 형제인 모리스의 도움을 받아 도자기 사업을 재개했지만 운은 따라주지 않았다. 1년 만에 그녀는 사업을 접고 남은 재고를 전부 처분했다. 펜션을 지어 운영하려던 계획도 2년 만에 실패로 끝났다. 심지어 친하게 지냈던 주식중개인의 권유로 US스틸컴퍼니US Steel Company 주식에 투자했다가, 1907년 주가 대폭락 사태로 마지막 남은 재산마저 날리고 말았다. "그로스바움 가문은 겨우 입에 풀칠만 하고 사는 신세로 전락했다. 유복하고 성공한 인생을 영위해왔던 가문에 처음으로 빈민 계층이 탄생한 것이다. 전 재산을 날린 후 얼마간 도라는 세 아들과 함께 형제 모리스의 집에 얹혀살았다."**10**

그레이엄 형제는 어려워진 집안 형편을 일으켜보려고 일

을 시작했다. 그레이엄은 아홉 살의 나이에 주말 신문《새 터데이이브닝포스트Saturday Evening Post》판매원으로 취직했다. 매일 신문 30부를 팔아 한 부당 2센트의 마진을 얻는 장사였다. 이후에는 사촌 루이스 그로스바움과 함께 야구팀 뉴욕양키스의 전신인 하이랜더의 구장에서 야구 엽서를 팔았다. 판매 수익은 꽤 쏠쏠했다. 주중에는 하루에 20센트, 주말에는 1달러를 벌었다. 하지만 가장 많은 돈을 벌 수 있었던 일은 과외였다. 그레이엄은 자신보다 한 살 많은 친구에게 주당 3시간씩 과외를 해주고 50센트를 받았다.

짧은 기간이었지만 그는 식료품 가게 배달원으로도 일했는데, 그곳에서는 많이 벌 때면 일주일에 2달러나 벌 수 있었다. 그레이엄은 위태로웠던 당시의 가정 형편을 다음과 같이 표현했다. "원래 나는 물질적인 측면보다는 지적이고 영적인 측면에 관심이 많았다. 하지만 어린 시절 갑자기 가정 형편이 어려워지면서 형제보다는 돈이 점점 더 중요해졌다. 당시 나는 돈을 많이 벌고 쓰는 것만이 인생의 성공을 의미한다고 생각했다."[11]

그레이엄은 12세에 전교 수석으로 초등학교를 졸업했다. 미국에서는 보통 최우등생이 졸업생 대표 연설을 하고 졸업 신문의 발행인이 되는 전통이 있는데, 그레이엄이 바로 그런 학생이었다. 1906년, 그레이엄은 타운젠드해리스홀 고등학교에 입학했다. 문학비평가이자 수사학 교수 시모어 채트먼Seymor Chatman이 미국 공립학교 중 명문으로 손꼽힌 다고[12] 했던 학교였다. 하지만 1년 후에 브루클린남자고등학교로 전학을 가야 했다. 그의 가족이 또 이사를 해야 했는데, 다니던 고등학교까지 통학하기에는 너무 먼 거리였기 때문이다. 다행히 그레이엄이 기술했듯이 브루클린남자고등학교도 평판이 좋은 학교였다. "브루클린남자고등학교는 그 지역에서 전통 있는 명문 학교였다. 그곳에서 공부할 기회가 주어진 것은 내게 행운이었다. 나는 그 학교에서 2년을 알차게 보냈다."[13]

1910년 봄 그레이엄은 전교 3등의 우수한 성적으로 고등학교를 졸업했다. 고등학교 졸업 후 그는 퓰리처 장학금을 받기 위해 예비 시험에 응시한 뒤, 뉴욕 북서부에서 약 120킬로미터 떨어진 작은 도시 뉴밀퍼드의 농가에서 계절

노동자로 일했다. 워낙 고되고 평범치 않은 일이었기 때문에 그는 숙박비와 식비 외에도 매달 10달러를 더 벌 수 있었다.

다시 뉴욕으로 돌아온 그레이엄은 퓰리처 장학금 구술시험에 응시했지만 결과는 불합격이었다. 그는 컬럼비아대학교에 등록금을 낼 여유가 없었기 때문에 쓰라린 마음을 안고 뉴욕시립대학교에 입학할 수밖에 없었다. 뉴욕시립대학교는 등록금 없이 입학할 수 있는 좋은 학교였지만, 그레이엄에게는 이류 학교에 불과했다. "컬럼비아대학교 대신 뉴욕시립대학교에 간다는 건 내 열등감을 받아들이고 좌절감을 인정한다는 의미였다. 뉴욕시립대학교 졸업생은 일류인 컬럼비아대학교 졸업생보다 사회 및 직장 생활에서 차별 대우를 받았다."[14]

얼마 못 견디고 그는 뉴욕시립대학교를 그만둔 뒤 돈을 벌기 위해 온갖 일에 도전하기 시작했다. 1911년 봄 그레이엄은 컬럼비아대학교 장학금에 재도전했고, 학장이었던 케펠Keppel과 개인 면담을 했다. 놀랍게도 케펠은 그에게 전년도 퓰리처 장학금 대상자 선정 과정에 오류가 있었다고 고백했다. "자네의 사촌 형제 루이스 그로스바움이 3년 동안 퓰리처 장학금을 받은 적이 있네. 우리가 자네를 장학금 대상자로 선정해 교무과에 보냈는데 그들이 두 이름을 혼동했지 뭔가. 교무과에서는 장학금을 받은 지 얼마 안 된 학생에게 지급할 수 없다며 거절했고. 그래서 자네를 다음번 장학금 수령자로 올려놓았다네."[15]

케펠은 위로 차원에서 그레이엄이 가을 학기 장학금을 수령할 수 있도록 해주었다. 그레이엄은 회고록에서 "나는 15세 때 처음 발명을 시작해 평생 많은 발명품을 냈다"라고 고백했다. "나는 문에 벨을 달 수 있는 방법을 고민하다가, 벨을 누르는 동시에 문 아래에서 빗장이 열리는 방법을 찾아냈다."[16]

그의 발명은 여기에서 그치지 않았다. 이후에도 그는 개량 계산자, 동일한 크기로 케이크를 자를 수 있는 케이크 플레이트 등을 발명했고, 모스 부호를 쉽게 습득할 수 있는 리스트도 만들었다. 발명품의 스펙트럼은 광범위했지만 한

가지 공통점이 있었다. 발명품으로 그가 얻은 것은 하나도 없었다는 사실이다.[17]

나는 금융 공부를 할 때처럼

자연스럽게 경제학을 배워갔다.

독서와 생각 그리고 실전 훈련을 통해서 말이다.[18]

대학생 그레이엄

———————————— 1911~1914 ————————————

그 덕분에 1911년 9월부터 그레이엄은 컬럼비아대학교에서 인문학 공부를 시작할 수 있었다. 그가 수강을 신청한 과목은 수학, 철학, 영어, 그리스어, 음악이었다. 그는 경제학 수강도 신청했지만 금세 포기하고 말았다. "나는 휴학 전에 국민경제학 초급 과정을 공부하기 시작했다. 몇 주 동안 이 '모호한' 학문을 공부했지만, 경제학에 대해서는 흥미가 전혀 생기질 않았다. 그래서 나는 복학 후에도 경제학은 공부하지 않으리라 마음먹었다."[19]

원래 3년 안에 조기 졸업을 하는 것이 목표였으나, 눈에 불을 켜고 공부를 한 결과 그는 2년 반 만에 졸업할 수 있었다. 한편 다양한 아르바이트를 해서 돈을 벌기도 했다. 이는 2년 반 만의 조기 졸업보다도 더 대단한 일이었다.

처음에는 극장 창구에서 계산 아르바이트생으로 일했고, 그다음에 우편 서비스 제공업체 US익스프레스U.S. Express에서 일했다. 이때 갑자기 한 프로젝트의 팀장이 사임하면서 그레이엄은 프로젝트 팀장직을 제의받았다. 문제는 밤낮 교대 근무를 해야 한다는 것이었다. 고민하던 그레이엄은 케펠 학장에게 휴학을 신청했고, 한동안 2교대 근무를 하며 많은 돈을 벌어들였다. "처음 내가 받았던 '반달치 수표'에 기재된 액수가 원래의 월급에 해당하는 250달러였다. 1914년 이전까지 이는 엄청나게 큰돈이었다."[20]

그레이엄은 4개월 반 동안 일한 후 복학했지만 그 후에도 사진 촬영 할인권 판매 업무, US익스프레스 발송 업무, 셔츠 상자의 광고 지면을 판매하는 아르바이트 등 다양한 일을 했다. 뿐만 아니라 브롱크스야간학교에서 수업까지 진행하며 악착같이 돈을 모았다.

1914년 봄 그레이엄은 컬럼비아대학교에서 이학사 학위를 받았다. 마지막 학기에 그는 차석을 차지하며 학계의 아너 소사이어티Honor Society(미국의 우등생 클럽)인 '파이 베타 카파Phi Beta Kappa'의 회원으로 선출되었다. 이후 컬럼비아대학교 철학과, 수학과, 영문학과뿐만 아니라 법학과에서 강의 제의가 들어왔고, 이 외에도 명문 여학교인 브리얼리스쿨로부터 교장직을 제의받기도 했다. 하지만 그레이엄은 이 모든 제의를 거절하고 월스트리트를 선택했다. 이는 케펠학장이 브로드웨이의 주식중개회사와 첫 만남을 주선해주고 입사를 권유해 시작한 일이었다.

1914년 여름 유럽에서 제1차 세계대전이 터지면서 미국에는 반독일 정서가 격화되고 있었다. 이러한 사회적 분위기 가운데 독일계 가정들은 성을 바꾸기 시작했다. 제1차 세계대전 후 미국 시민권을 취득한 그로스바움 가문도 성을 바꿀 수밖에 없는 상황이었다. 같은 이유로 벤저민의 삼촌 모리스도 게준드하이트Gesundheit에서 제러드Gerard로 성을 바꾸었다.[21] 벤저민은 성만 바꾼 것이 아니었다. 그는 마음속에 품어왔던 독일 문화에 대한 긍정적인 이미지도 버렸다. "제1차 세계대전이 일어나기 전까지 나는 독일의 정신을 높이 샀다. (…) 하지만 1914년부터 1918년까지 독일의 민족정신에 대한 거부감이 심해지면서, 이전에는 많은 흥미를 가졌던 독일어와 독일 문화에도 완전히 등을 돌렸다."[22]

그레이엄과 종교

그레이엄은 정통 유대교 가정 출신이었다. 그러나 13세에 '바르 미츠바Bar Mitzah(유대교의 성년식)'를 치른 후 그는 유대교에서 점점 멀어지기 시작했다.

그레이엄은 자서전에서 이렇게 고백했다.

"얼마 지나지 않아 나는 유대교 신앙을 잃어버렸다. (…) 나이를 먹을수록 유대인 풍습과 의식을 지키는 무리는 나와 점점 멀어졌고 내 주변에서 완전히 사라져버렸다."[23]

하지만 그는 유대교 의식에서 멀어져도 자신이 유대계 혈통이라는 사실을 결코 잊지 않았다. 그래서 그는 가장 우수한 제자였던 워런 버핏이 그레이엄-뉴먼 투자회사에 지원했을 때도 유대인이 아니라는 이유로 받아들이지 않았다.

버핏은 당시를 이렇게 회상했다.

"그(그레이엄)는 이 말만 했다. '워런, 월스트리트의 대형 투자은행에서는 아직도 유대인을 받아주지 않는다네. 이 회사는 직원이 많이 필요하지 않네. 그래서 나는 유대인만 고용할 수밖에 없다네…' 그래서 나는 그를 이해할 수 있었다."[24]

그레이엄이 훗날 유대인시각장애인협회 회장직을 수락한 것 역시 자신이 유대인 혈통이라는 것을 인정한다는 의미였다.

과거를 기억하지 못하는 사람은

그것을 반복할 수밖에 없다.

내가 월스트리트에 대해 아는 것이라고는

소문이나 소설을 통해 접한 게 전부였다.

월스트리트는 긴장감이 넘치고 극적인 발전이 이뤄지는 곳이었다.

나는 이곳에서 일어나는 신비로운 사건들로 인해

어서 빨리 이 세계에 동참하고픈 바람이 생겼다.[25]

일개 보조에서
증권 분석가가 되기까지

—————————— 1914~1919 ——————————

케펠 학장의 권유로 그레이엄은 뉴버거, 헨더슨앤드러브 Newburger, Henderson and Loeb(이하 'NHL')라는 중개회사에 취직했다. 그는 증권업계에 대한 교육을 받아본 적이 전혀 없었기 때문에 처음에는 각 부서에서 업무 보조를 하면서 주식을 배우기 시작했다. 그의 첫 경력은 NHL 정산소에서 온갖 잡무를 떠맡은 일개 보조 직원이었다. "나는 중개회사의 보조 직원으로 사회생활을 시작해, 유력 투자 펀드사와 두 대기업의 회장으로 은퇴했다."[26] 1910년 당시 미국의 평균 소득은 약 11달러였는데, 그의 초봉이 주당 12달러였으니 대략 미국의 평균 소득과 엇비슷한 돈을 받고 취직했던 셈이다.[27]

하지만 그레이엄이 새 직장에 취직한 지 얼마 안 돼 제1차 세계대전이 발발하면서 뉴욕 증시는 4개월 반 동안 폐장되었다. 다행히 그는 해고를 면했으나 임금이 주당 2달러씩 삭감되었기 월스트리트에서 일하는 동시에 컬럼비아대학교에도 강의를 나가며 생활비를 조달해야 했다.

그는 NHL을 위해 채권을 분석하고, 추천 채권 목록을 작성했다. 그레이엄은 "철도 채권에 관해서만큼은 나는 걸어 다니는 백과사전이었다"[28]라고 당시 기억을 떠올렸다. 그는 단순 보조 업무보다는 분석 업무에 더 큰 흥미를 느꼈다. "나는 채권 거래인보다는 '통계원(증권 분석가)'이 되는 편이 낫겠다고 마음을 굳혔다."[29]

이때 NHL의 경쟁사에서 그레이엄이 지닌 증권 분석가로서의 능력을 알아보고 더 높은 봉급을 주겠다며 스카우트

제의를 해왔다. 그레이엄이 이직 의향을 밝히자 NHL의 사주 새뮤얼 뉴버거Samuel Newburger는 크게 실망감을 내비쳤다. 당시 그레이엄은 뉴버거와 다음과 같은 대화를 나눴다고 한다.

그레이엄이 "저는 이곳에서 충분한 보수를 받으며 일하고 있지 않습니다"라고 말했더니, 뉴버거는 "그건 자네가 아니라 우리가 결정할 일이네!"라고 답했다. 이에 그레이엄은 "저는 주식중개인이 되려고 입사한 것이 아닙니다. 증권 분석가가 제 적성에 맞습니다"라고 응수했다. 그러자 놀랍게도 뉴버거는 "좋아, 우리 회사에도 증권 분석 전담 부서가 생길 때가 됐지. 자네가 한번 맡아서 해보게"[30]라며 생각지 못했던 답을 내놓았다. 그레이엄은 주당 3달러씩 봉급을 인상하기로 합의하고 뉴버거의 증권 분석가 제의를 수락했다. "나는 기꺼이 뉴버거의 제안을 받아들였다. 나는 증권 분석가로서 경력을 쌓을 수 있는 길이 열렸다는 사실에 매우 기뻤다."

그레이엄은 "나는 적합한 능력을 적당한 시기에 사용할 수 있었다. 두 가지 행운이 동시에 따라주었던 셈이다. 성공은 보장되어 있었다"라고 회상했다. 제1차 세계대전이 터지기 전에는 내부 정보, 특히 '시장을 조작하는 사람들'이나 '주식 시세 변동에 결정적인 영향을 끼치는 비밀 작전 세력의 행동이나 계획'을 투자 결정의 중요한 기준으로 삼아왔다.[31] 그러나 1914년 이후 증권 분석에서 주식의 내재가치와 투자의 장점이 점점 중요해지기 시작했다. "특히 제1차 세계대전이 터진 후부터는 업종 대표 기업의 재무 상태 등 여러 가지 요인이 주식 분석에서 결정적인 역할을 했다."[32]

1915년 그레이엄은 자신보다 나이가 많은 회사 동료와 함께 처음으로 주식을 매수했다. 당시 사장이었던 앨프리드 뉴버거Alfred Newburger가 이 사실을 눈치채고는 그레이엄을 불러 문책했다. 면접 당시 사장은 그에게 투기성이 높은 주식에는 손대면 안 된다고 미리 경고했기 때문이다. 하지만 그레이엄의 입장에서는 이미 매수한 주식을 한 푼의 수익도 올리지 못한 채 팔아치울 수는 없는 노릇이었다.

그는 증권 분석을 통해서 차익 거래와 헤지Hedge(주가, 환율, 금리 등의 변동으로 인한 가격 변동 위험을 제거함으로써 손실을 방지하는 행위를 가리키는 말) 분야의 전문가가 되었다. "요즘과는 달리 당시 회사 경영자들은 자산 가치를 숨기려고 애썼다."[33]

그레이엄은 한 기업을 분석한 뒤 숨겨진 자산 가치를 찾으면 주식 매수를 권했다. 그 대표적인 예가 파산 직전 상태에 있던 '키티: 미주리캔자스텍사스레일로드Kitty: Missouri, Kansas and Texas Railroad'(이하 '키티')의 주식을 주당 50센트에 매수한 일이다. 이 시기 키티는 한창 구조 조정이 진행되는 중이었다. 구조 조정이 끝난 후에는 신형 키티 주식이 신규 발행됐고, 구형 키티 주식 보유자는 1대 1의 비율로 신형 주식을 교환할 수 있었다.

벤저민은 기업 분석 후 구형 주식을 매입하는 것이 유리하다고 결론 내렸다. 그는 이것이 리스크는 적되 수익을 올릴 가능성은 매우 높은 거래라고 평가했다. 몇 번의 설득 끝에 NHL 주식 보유자들은 키티 주식 5000주를 매수했고, 얼마 지나지 않아 투자 금액의 여섯 배에 달하는 수익을 올릴 수 있었다. 이러한 유형의 거래, 소위 마지막 한 모금만 남은 기업의 주식을 매입하는 전략은 이후 벤저민 그레이엄의 트레이드마크가 되었다. 그리고 이것이 우리가 익히 알고 있는 '담배꽁초 전략'이다. 마지막 한 모금이 남아 있는 담배꽁초는 파산 직전에 이른 기업에 대한 비유적 표현이다. 그레이엄은 버려진 담배꽁초(파산 직전의 기업)를 샅샅이 조사해서 주운 뒤(그 기업들의 지분이나 주식을 사들인 뒤), 마지막 한 모금을 만끽했다(수익을 챙겼다).

그가 NHL에 담배꽁초 거래를 권유해 성공한 사례는 구리 광산 기업 구겐하임익스플로레이션컴퍼니Guggenheim Exploration Company를 들 수 있다. 그레이엄이 발굴했을 당시 이들은 청산되기 직전이었지만, 사실 숨겨진 자산 가치는 상당히 높았다. 1915년 그레이엄은 여러 구리 광산 회사를 거느린 구겐하임익스플로레이션컴퍼니의 주가가 지나치게 저평가되어 있다는 것을 발견했다. 당시 구겐하임익스플로레이션컴퍼니의 공시 주가는 68.88달러였는데 그레이엄의 가치 분석 결과는 주당 76.23달러였다. 그는 즉시 뉴버거에 구겐하임익스플로레이션컴퍼니의 주식을 대

그레이엄의 구겐하임익스플로레이션컴퍼니 가치 분석 결과

(단위: 달러)

주식명		그레이엄 분석 가치 (1915년 9월 1일 기준)
구겐하임이 소유한 구리 광산 회사	케니콧쿠퍼	38.2
	차이나쿠퍼	5.39
	아메리칸스멜팅	6.81
	레이콘솔레이티드쿠퍼	4.23
기타		21.6
합계(가치 분석 결과)		76.23
실제 주가		68.88
주당 차액(잉여 가치)		7.35

량 매수할 것을 추천했다. 뉴버거는 그레이엄의 추천으로 엄청난 돈을 벌었다. 그는 "모든 거래는 순조롭게 진행되었고, 실제 수익은 내가 예상했던 수익과 정확하게 일치했다. 나와 모두에게 성공적인 투자였다"[34]라며 자신의 분석이 적중했다는 사실에 흐뭇해했다. 53쪽의 표는 그레이엄이 분석한 구겐하임익스플로레이션컴퍼니의 시장가치 결과다.[35]

그레이엄은 주식 분석과 매수 추천으로 큰 성공을 거두었고, 1916년 그의 봉급은 주당 50달러로 올랐다.[36] 그 덕분에 여자친구 헤이즐 머주어Hazel Mazur와의 약혼 비용을 마련할 수 있었다. 그레이엄은 헤이즐과의 관계를 '내 청년 시절 중 가장 소중하고 낭만적인 사건'이라고 표현했다. 헤이즐과 결혼한 후 그레이엄은 슬하에 다섯 명의 자녀를 두었다. 두 사람은 성공과 고난을 함께했지만 안타깝게도 둘의 결혼 생활은 이혼으로 끝나고 말았다.[37]

제1차 세계대전 종전 직전 그레이엄은 리스크가 큰 사업에도 손을 뻗기 시작했다. 그레이엄은 그의 스승이었던 영문학 교수 앨저넌 태신Algernon Tassin이 갖고 있던 1만 달러 상당의 투자 계좌를 관리했다. 두 사람은 수익과 손실을 동일한 비율로 분배하기로 했다. 처음에는 상당히 좋은 수익률을 보였다. 그레이엄은 즉시 이 거래로 거둬들인 수천 달러의 수익을 첫째 형 레온의 레코드 가게에 투자했다. 그러나 1917년 미국에서 전쟁이 시작되면서 주식 시장에도 찬바람이 불어왔고, 약세장은 오랫동안 이어졌다. 태신의 계좌에 있던 유가증권 시세도 덩달아 하락했다. 그레이엄은 추가 투자금을 조달할 수 없는 상황이었다. 결국 이 투자 계좌는 거래가 완전히 막혀 깡통계좌가 되었고, 그레이엄은 절망에 빠졌다. 심지어는 자살까지 생각할 정도였다. 하지만 그레이엄은 태신에게 반드시 이 빚을 갚겠다고 약속했고, 끝내 그 약속을 지켰다.

NHL 증권 분석가 시절, 그레이엄이 실력 있는 분석가라는 소식이 퍼지자 일가친척들과 지인들이 그레이엄에게 접근해왔다. 그레이엄은 삼촌 모리스 제러드Maurice Gerard에게 당시 잘나가고 있던 신탁 계좌(일종의 펀드) 관리를 맡겼다.

한편 그레이엄은 여러 명의 친구와 함께 새볼드타이어Savold Tires라는 스타트업 기업에 투자했다. 당시 새볼드타이어는 타이어 고무 재생 프로세스에 대한 특허를 보유하고 있었다. 새볼드타이어의 주가는 빠르게 상승했지만 변수가 많다는 맹점을 갖고 있었다. 결국 여러 지역에 자회사를 설립한 뒤 이들의 주가는 폭락했고, 그레이엄은 회고록에서 새볼드타이어 주가 폭락 사태는 비극적인 결말로 끝이 났다고 기술했다.

"갑자기 새볼드타이어의 시장이 무너졌다. 모회사 주식이 12.5로 폭락했다. 매수와 매도가 몇 건 있었다. 그리고 고통에서 벗어나기 위해 그 최후의 수단으로 자살을 선택한 것처럼 회사들이 사라져버렸다. 새볼드타이어에는 더 이상 어떤 주문도 들어오지 않았다. 1919년 10월 4일 세 회사가 동시에 화면에서 사라졌다. 마치 애초부터 존재하지 않았던 회사처럼 말이다!"[38]

다행히 투자 원금의 3분의 1 정도는 건질 수 있었으나, 이 사건을 계기로 그레이엄의 머릿속에 투기성 거래는 부정적인 이미지로 남게 되었다. "당시 소위 내부자인 우리가 이러한 기업에 대해 알고 있는 모든 것이라고 해봤자, 이런 기업들이 대략 어떤 사업 영역에서 활동했고 얼마나 자금을 보유하고 있는지 짐작하는 수준이었다. 허나 이런 정보로는 그 사업을 제대로 전망할 수 없었다. (…) 새볼드타이어에 관한 진실은 맨해튼에 있는 콜럼버스 서클 광장의 전광판에서 뉴스로 여실히 확인할 수 있었다."[39]

20세기 초반의 뉴욕증권거래소

1914년 뉴욕증권거래소는 현재와 비교 자체가 어렵다. 다양한 이유가 있지만, 특히나 기술 변혁이 증시에 혁명을 일으킨 것이 가장 직접적인 요인이었다. 지금의 월스트리트에서는 그레이엄처럼 주식시세판에 현재 주가를 계속 업데이트해서 기록하는 보조 직원이나 조수를 찾아볼 수 없다. 게다가 비상장주식을 비바람이 몰아치는 노천 시장에서 거래하는 장외시장Curb Market도 사라졌다.

증권 시장에서 주로 거래되는 채권도 많은 변화를 겪었다. 1914년에는 주식보다 채권 거래가 훨씬 많았다. 특히 채권은 질권설정이 가능했기 때문에 좀 더 안전하게 수익을 올릴 수 있는 수단이었다. 그레이엄은 "1914년 내가 월스트리트에서 사회생활을 시작했을 때 채권은 투기 대상으로 간주되지 않았다. 채권 매수도 투기 행위가 아니었다. 채권 시세는 주로 정해진 원리금의 범위에서 움직였다. 그래서 채권 시세는 특별한 사건이 없는 한 상대적으로 변동이 적은 편이었다"[40]라고 당시 상황을 기록했다. 반면 보통주는 투기성이 높은 종목으로 간주되었다. 그레이엄은 "당시 투자는 채권에 한정되어 있었다. 예외적인 경우를 제외하면 보통주는 투기 대상으로 간주되었다"[41]라고 말한 바 있다.

이제 벤저민은 도금된 가짜를 분배할 필요가 없다.

그는 이미 황금을 찾았기 때문이다.[42]

독립의
첫발을 떼다

 1923~1925

그레이엄은 5년 동안 NHL에 근무하며 통계 분석부 말단
직원에서 시작해 책임자 자리까지 올라갔다. 엄청난 성공
가도를 달린 것이다. 사회적 신분이 상승함과 동시에 소득
도 엄청난 수준으로 올랐다. NHL 연 수익 중 2.5퍼센트가
그의 성과급이었으며, 적자에 대한 책임은 없었다.[43] 그레
이엄은 회고록에서 "내가 4년간 회사 수익에 대해 받은 성
과급은 매년 5000달러였다"라며 당시를 회상했다.[44]

말단 직원으로 입사한 지 얼마 안 되어 그레이엄은 소위 '대박'을 터트리며 NHL에 10만 달러가 넘는 투자 수익을 안겨주었다. 그레이엄은 당시 채권 전문 중개회사에서 근무하던 친구 루 베럴Lou Berall의 소개로 일본인 준키치 미키Junkichi Miki를 알게 되었다. 일본계 할인 은행 대표였던 미키는 1904년과 1905년 러일전쟁으로 전 세계에서 발행된 일본 국채를 사들이고 있었다. 일본 국채는 환율 차이 때문에 일본에서 판매하면 차익을 챙길 수 있기 때문이었다.

미키와 오사카브로커뱅크Broker Bank in Osaka의 대표 후지모토 빌Fujimoto Bill은 NHL에게 유럽에서 발행된 일본 국채를 매수해달라고 의뢰했다. "그것은 100만 달러 규모의 사업이었다. 우리는 채권 발행의 본고장인 런던, 파리, 암스테르담 증권거래소와 좋은 거래 관계를 유지하고 있었다. 프랑(Fr) 대 엔(¥) 환율 때문에 파리에서는 비싼 가격으로 채권을 매도할 수 있었던 반면, 일본 투자자들은 높은 중개 수수료를 반영한다고 해도 훨씬 낮은 가격으로 채권을 매수할 수 있었다."[45]

이처럼 승승장구하던 그레이엄은 보조 직원으로 증권업계에 입문한 지 9년 만인 1923년 7월 1일, 마침내 그레이엄 코퍼레이션Graham Corporation을 창업하며 독립의 첫발을 뗐다. 창업을 하게 된 계기는 재력가 해리스Harris 형제 덕분이었다. 해리스 형제는 그레이엄에게 기본 연봉과 성과급을 받는 조건으로 자신들의 전담 포트폴리오 매니저로 일하며 거액 계좌를 운용해줄 수 있는지 물어왔다. "해리스 형제는 연봉 1만 달러, 그리고 출자 자본의 6퍼센트와 누적 수익의 5분의 1을 주겠다고 제안했다."

그레이엄은 제안을 수락했다. NHL은 크게 이의를 제기하지 않고 그레이엄을 놓아주었다. 당시 뉴욕 증시에서 주주들을 위한 증거금 규정을 강화했기 때문이었다. NHL의 사업 규모가 엄청난 규모로 성장한 탓에 회사는 그레이엄에게 필요한 증거금을 감당하기 어려워진 상태였다.[46] 그레이엄은 "그래서 NHL은 빈말로라도 사직을 말리지 않고 흔쾌히 나를 놓아주었다"라며 자신의 홀가분한 마음을 솔직히 고백했다. "내가 NHL을 통해 사업을 처리하기로 서로 합의를 보았다. 나는 임대료 없이 사무실을 사용하는 것

은 물론이고 전용 텔렉스와 다른 서비스를 자유롭게 이용
할 수 있었다."

그레이엄은 해리스 형제를 위해 각종 차익 및 헤지 거래를
처리했고, 실제 내재가치에 비해 저평가된 기업의 주식을
매입했다. 차익 거래는 시장이나 증시에 따라 시세가 다를
때 가능한데, 이런 가격 차이를 잘 이용하면 수익을 올릴
수 있었다. 반면 현재 보증 거래는 증시에서 헤지 거래라는
개념으로 이뤄지고 있다. 그리하여 그레이엄은 듀폰Du Pont
의 주식을 매입해 제너럴모터스 주식의 공매도 담보로 설
정했다.

그러나 약속과 달리 루 해리스Lou Harris는 그레이엄의 투자
업무에 사사건건 개입했다. 루는 그레이엄에게 자신이 전
에 매수했던 주식을 또 매수하라고 권하곤 했다. 그러나 그
가 제안하는 종목들은 그레이엄의 주식 매수 원칙에 들어
맞지 않을 때가 많았고, 그레이엄은 점점 해리스 형제와 일
하는 것에 피로감을 느꼈다. "루의 조언대로 했다가 투자
에 실패하면 그는 마치 없었던 일인 양 금세 잊어버리고

두 번 다시 그 투자 건을 입에 올리지 않았다. 하지만 자신의 조언대로 투자해 수익을 올린 건은 지나치게 잘 기억했고, 이 일은 반드시 다음 식사 자리의 화제가 되곤 했다. 시간이 지나면서 나는 그의 잔소리에 점점 질려갔다."[47]

해리스 형제와 그레이엄의 사이는 삐걱거리기 시작했다. 사실 문제는 의견 차이뿐만이 아니었다. 그레이엄은 원래 합의했던 20퍼센트의 성과급보다 훨씬 적은 보수를 받았다. 결국 그레이엄은 해리스 형제와 더 이상 동업할 수 없다는 결단을 내렸고, 2년 반 만에 그레이엄코퍼레이션을 정리했다.

월스트리트든 어디든

안전하고 단순하게

부를 얻을 수 있는 방법은 없다.[48]

벤저민그레이엄컨소시엄과
위기의 세월

———— 1926~1928 ————

1926년 1월 1일 그레이엄은 두 번째 대형 프로젝트에 착수했다. 이것이 이른바 벤저민그레이엄컨소시엄 Benjamin Graham Consortium이다. 그레이엄은 이 컨소시엄에 자신의 돈을 투자했고, 친구들의 자본 중 일부를 새로운 펀드에 투자했다. 총 투자 금액은 4만 달러였다. 그레이엄은 기본급을 받지 않고, 성과급은 투자자들과 탄력적으로 배분하기로 합의했다. 합의한 성과급 기준은 다음과 같았다.[49]

벤저민그레이엄컨소시엄 성과급 배분 비율

자본수익률	성과금 배분 비율	
	투자자	그레이엄
6	6	-
26	22	4
56	43	13
100	65	35

컨소시엄을 성공시키기 위해 그레이엄은 마치 탐정이 된 것처럼 저평가된 주식과 차익 거래 대상을 샅샅이 조사하기 시작했다. "내 거래 대상은 주로 신뢰할 만한 분석 결과를 봤을 때 내재가치보다 훨씬 낮은 가격으로 거래되는 보통주였고, 이를 매수하기 위해 노력했다."[50]

1926년 그레이엄은 관심을 갖고 지켜보던 철도주 분석을 위해 주간통상위원회Interstate Commerce Commission(이하 'ICC') 연간 보고서를 샅샅이 살펴보았다. 보고서의 마지막 부분인 ICC 자료 출처에는 석유 파이프라인 회사들에 관한 수치 자료가 적혀 있었는데, 이 자료는 잘 알려지지 않은 것이었다. 그레이엄은 직감적으로 이것이 흥미진진한 사업이 되리라 느꼈다. 그는 즉시 전율적인 기운이 풍기는 이 연간 보고서를 송부해달라고 ICC에 요청했다.

보고서에 의하면 파이프라인 회사들이 대규모 투자를 했다고 되어 있었다. 그러나 상세 자료는 찾을 수 없었다. 그레이엄은 수상쩍은 낌새를 차리고, 다음 날 워싱턴에 있는 ICC를 찾아가 자신에게 송부된 파이프라인 회사의 연간 보고서 자료 보관실에 관해 문의했다. "나는 직감적으로 노다지를 발견했다고 느꼈다. 놀랍게도 자료 출처에 있던 파이프라인 회사는 전부 1등급 철도 주식을 다량으로 보유하고 있었다. 보유하고 있던 철도 주식의 평가액은 파이프라인의 시가총액보다도 컸으며 파이프라인의 주가는 상당히 저평가되어 있었다."[51]

그레이엄은 숨겨져 있던 보물을 찾았을 때 얼마나 기뻤는지, 마치 위대한 정복자이자 발견자가 된 듯했다고 고백했다. "나, 용감한 코르테스 발보아Cortez-Balboa는 이 자리에 서 있네. 귀족의 눈으로 태평양을 발견했네."[52] 특히 노던파이프라인Northern Pipeline 주식은 심하게 저평가되어 있었다. 당시 이 회사의 주식은 65달러에 거래되고 있었는데, 놀랍게도 노던파이프라인은 주당 95달러 상당의 유동 자산을 보유하고 있었다. 주식 시장에 돌아오자마자 그레이엄은 곧바로 노던파이프라인 주식 2000주를 매수하여, 23퍼센트의 지분을 보유하고 있던 록펠러 재단Rockefeller Foundation 다음가는 대주주가 되었다.

그렇다면 대체 그레이엄은 방치되었던 주식에 투자해서 어떻게 수익을 냈고, 주주들에게 배당금을 지급할 수 있었을까? 그는 노던파이프라인 대표 부슈널D.S. Bushnell을 직접 만나, 철도 주식을 매도해 주주들에게 잉여금을 분배할 수 있도록 설득했다. 하지만 부슈널은 그레이엄의 제안을 단호하게 거절한 뒤, 이런 말을 남기고 돌아섰다. "당신이 우리의 경영 정책을 인정할 마음이 없다면, 반대로 우리가 당신에게 이렇게 제안하겠습니다. 그러니까 당신의 주식을 우리에게 되팔라고 제안해도 되겠냐는 말입니다."[53]

이 행동으로 그레이엄은 '말을 타고 풍차를 향해 돌진하는 돈키호테' 같은 투자자라는 평가를 받았다. 그러나 이 정도로 포기할 그레이엄이 아니었다. 그는 '노던파이프라인'이라는 풍차에 2차 공격을 개시했다. 1927년 1월 그는 펜실베이니아주의 오일시티에서 열린 주주총회에 나섰다. 주주총회에는 그레이엄 외에 노던파이프라인 직원 다섯 명이 참석했다. 하지만 이 자리에서 그는 표결에 부쳐야 할 연간 보고서가 제출되지 않았다는 사실을 알게 되었다. 그레이엄은 회의록을 낭독해달라고 요청했으나 이는 수용되지 않았고, 아무런 소득도 얻지 못한 채 주주총회는 끝나고 말았다. 그레이엄은 크게 실망했지만 차기 주주총회를 노려보기로 했다. 좀 더 철저하게 준비하겠다고 다짐하면서 말이다. "사람들이 나를 멍청이 취급하는 것 같아 굴욕감을 느꼈고, 나의 무능력함에 수치스러웠고, 내가 사람들에게 받았던 대우에 분노했다."[54]

그레이엄은 다음 해 주주총회를 준비하기 위해 유명 법률사무소에 의뢰해 노던파이프라인 소액 주주들의 위임권을 끌어모았다. "우리는 1만 5000주에 대해 권한을 위임받았다. 이는 주주총회 이사직 두 명분의 자리를 차지할 수 있는 지분이었다."[55]

그다음 주주총회에 그레이엄은 변호사와 동행했고, 두 사람은 주주총회 이사로 선출되었다. 그레이엄은 회고록에서 "나는 스탠더드오일 그룹 중 한 기업의 이사가 되었다. 물론 이 기업은 스탠더드오일 그룹과 직접적인 관계는 없었다. 노던파이프라인은 스탠더드오일 그룹 중 작은 기업에 불과했을지 모르지만, 나는 계획이 성공했다는 사실에 자부심을 느꼈다"라고 회고했다. 그레이엄과의 협상 후 결국 노던파이프라인은 비영업자산을 처분하기로 했고, 1주당 70달러씩 주주들에게 잉여금이 분배되었다. '돈키호테 그레이엄'의 완벽한 성공이었다.

1927년 그레이엄은 가슴 아픈 일을 겪었다. 장남 뉴턴 Newton이 뇌막염 수술 후 회복하지 못하고 여덟 살의 어린 나이로 세상을 떠난 것이다. 불과 몇 년 후 항생제가 시판되기 시작하면서 이 죽음은 가족들에게 더 큰 아픔으로 다가왔다. 항생제만 있었더라면 뉴턴은 살 수 있었을 테니 말이다.

1927년 가을 그레이엄은 아픔을 딛고 컬럼비아대학교와, 뉴욕금융연구소의 전신인 뉴욕증권연수원에서 강의를 시작했다. 강의 주제는 '증권 분석'이었다. 현장 경험이 풍부한 그레이엄은 자신이 저평가된 증권에 투자해 수익을 올린 사례를 강의했다. 그의 강의는 특히 최신 사례를 주로 다루었기에 큰 인기를 끌었다. 곧 입소문이 퍼졌고, 덕분에 다음 해 수강 신청자 수는 폭발적으로 늘어났다. "나는 저평가되었던 주식에 투자해 성공한 몇 가지 사례를 소개했다. 이로 인해 내 강의는 빠르게 유명세를 탔다. 모든 수강생들은 저평가된 주식을 '진정한 돈벌이 대상'이라 여기기 시작했다."

1928년은 전년도보다 수강생이 훨씬 많아졌다. 효과적인 투자법을 더 배울 수 있다는 기대감으로 많은 이들이 앙코르 강의를 요청하기도 했다.[56] 나중에 그레이엄과『벤저민 그레이엄의 증권분석』을 공동 집필한 데이비드 도드David Dodd도 첫 수강생 중 한 명이었다. 그레이엄의 제자였다가 조교가 된 어빙 칸Irving Kahn은 그레이엄의 강의에 대해 다음과 같이 회고했다. "벤의 강의는 정말 재미있었다. 그는 종종 강의가 끝난 후에도 30분이 넘도록 강의실에 남아 학생들의 질문을 받았다."[57]

1928년 말 그레이엄은 미국 최대 폭죽 제조업체 언익셀드매뉴팩처링컴퍼니Unexcelled Manufacturing Company의 지분을 다량 인수해보라는 제의를 받았다. 이 회사는 현금성 자산 비중과 배당수익률Dividend Yield Ratio(DY)이 높았기 때문에 9달러라는 헐값에 거래되고 있었다. 모든 조건이 그레이엄의 투자 전략을 적용하기에 적합했다. 그레이엄은 벤저민그레이엄컨소시엄 명의로 언익셀드매뉴팩처링의 주식 1만 주를 매입했다. 남은 주식은 대형 투자자인 버나드바루크Bernard Baruch가 전부 인수했다. 이후 열린 주주총회에서 CEO가 해임되고 신임 CEO로는 부사장이었던 톰자딘Tom Jardine이, 그리고 재무 담당 부사장으로는 그레이엄이 선출되었다. 당시 부사장 활동비로 그레이엄은 연봉 6000달러를 받았다. 나중에 그레이엄은 '원한도 없는 한 남자(언익셀드매뉴팩처링의 전 회장)의 앞길을 막은'[58] 음모에 동조한 세력이 된 것이 유감이라고 밝혔다.

1925년과 1928년 사이 벤저민그레이엄컨소시엄은 연평균 25.7퍼센트의 수익률을 달성했고, 매년 5퍼센트 이상의 증가율을 보이며 다우존스 산업 평균 지수(이하 '다우지수')를 평정했다. 1929년 초에는 펀드 자금이 250만 달러 규모로 증가한 동시에, 배당하지 않고 유보된 이익이 더 많은 수익을 창출해냈다.[59] 그레이엄은 증시가 붕괴될지도 모른다는 위협을 느끼고 있었다. 그럼에도 그는 바루크와 달리 주식 투자 포트폴리오를 수정하지 않고 그대로 두었다. 이것이 치명적인 실수였다는 사실이 나중에 밝혀졌다. "우리(그레이엄과 바루크)는 주가가 지나치게 치솟아 투기꾼들이 광기 어린 행동을 보이고 있고, 소위 전문가들조차 고삐가 풀려 주가 상승에 환호성을 치고 있으며, 언젠가 주식 시장이 붕괴되리라는 사실을 알고 있었다."[60]

대통령 자문이 된 주식 투기꾼 버나드 바루크

미국의 정치가이자 재정가 버나드 바루크는 1870년 8월 19일 사우스캐롤라이나주 캠던의 유복한 유대인 가정에서 둘째 아들로 태어났다. 뉴욕시립대학교 졸업 후 그는 증권업계에 입문하여 '왕관 없는 월스트리트의 왕'으로 등극했다. 31세의 나이에 백만장자가 된 것이다.[61]

1929년 증시 붕괴 직전 바루크는 그레이엄에게 파트너십을 제안했으나, 그레이엄은 이 제안을 거절했다.

"바루크가 이런 제의를 해왔다는 사실 자체가 영광이었을지는 몰라도, 그레이엄이 바루크의 밑에 들어가 일할 이유는 없었다. 당시 그레이엄은 개인 투자로 6만 달러가 넘는 수익을 올리고 있었기 때문이다."[62]

제1차 세계대전이 발발하기 전 바루크는 윌슨, 루즈벨트, 처칠,

트루먼 등 여러 대통령들의 자문관으로 활동했다. 그는 윌슨 대통령의 발탁으로 제1차 세계대전 후 열린 베르사유 평화협정에 참여했고, 제2차 세계대전 후에는 UN 원자력위원회에서 미국 측 대표로 참석했다. 이 시기에 그는 처음으로 '냉전'이라는 표현을 사용했다. 버나드 바루크는 1965년 94세의 나이로 뉴욕에서 사망했다.

재앙이 닥치기 전까지만 해도

나는 꽤 성공한 젊은이였다.[63]

검은 목요일과 그 여파,
그리고 재기

———————— 1929~1933 ————————

1920년대 말 강세장이 오랫동안 지속되었다. 다우지수는 연일 상승했고, 1929년 9월에는 400포인트 가까이 달성하며 최고치를 경신했다. 그러나 이후 주가는 381포인트에서 41포인트로 급락하며 여러 차례 최저치를 기록했다. 그리고 1929년 10월 23일 수요일, 증시 붕괴를 기점으로 마침내 대공황이 시작되었고 이는 1930년대 중반까지 이어졌다.[64]

벤저민그레이엄컨소시엄과
미국 주식 시장 주요 지수의 수익률 비교[65]

(단위: %)

연도	벤저민그레이엄 컨소시엄	다우지수	S&P 500
1929	-20	-15	-7
1930	-50	-29	-25
1931	-16	-48	-44
1932	-3	-17	-8
평균	**-70**	**-74**	**-64**

벤저민 그레이엄컨소시엄은 1차 주가 붕괴를 그럭저럭 잘 극복했다. 그레이엄은 "우리는 1929년 20퍼센트의 손실을 입었다. (…) 1929년에는 실제로 모든 주주가 컨소시엄의 투자 성과에 만족했다. 나는 그 이상의 손실을 낸 적이 없었기 때문에 '투자 천재'라는 찬사까지 들었다"[66]라며 잠시 추억에 젖었다. 그런데 약간의 회복세를 보이던 것도 잠시, 1930년대 중반 다우지수가 또 한 번 폭락했다.

이때 그레이엄은 격변하는 시장 상황에 맞춰 포트폴리오

를 조정하지 않았던 바람에 심각한 타격을 입었다. 그는 당시 상황에 대해 이렇게 결론을 내렸다. "1930년은 33년의 펀드매니저 경력에서 최악의 해였다. (…) 1930년 우리는 약 50.5퍼센트의 손실을 입으며 충격에 빠졌다. 하지만 1931년에 손실률은 다시 16퍼센트로 완화되었고, 1932년 손실률은 겨우 3퍼센트에 불과했다. 이것은 실로 승리나 다름없는 성과였다. (…) 1932년 말이 되자 원금은 22퍼센트밖에 남아 있지 않았다."

증시 붕괴 사태와 잇달아 발생한 대공황으로 그레이엄은 극심한 괴로움에 시달렸다. 그는 주주들에 대한 죄책감을 떨쳐버리지 못했다. 대부분의 주주는 친구들과 친척들이었다. 게다가 손실이 발생한 해에 그는 펀드에서 한 푼도 벌지 못해 강의나 감사위원 활동, 의장 월급 등 넉넉지 않은 수입으로 생계를 꾸려나가야 했다.

벌이가 줄었으니 지출을 줄이는 수밖에 없었다. 그레이엄은 얼마 전 이사한 고급 주택을 포기하고, 집값은 더 저렴하지만 품격 있는 주택으로 이사했다. 그는 택시 대신 지하

철을 타고 다녔고 값비싼 전채 요리를 포기했다. 막판에는 어머니를 위해 고용했던 개인 기사까지 해고했다. 1932년 말 고심하던 그레이엄은 추가적인 수입을 올릴 수 있는 일에 착수했다. 오래전부터 생각해왔던 일이었던, 조교였던 데이비드 도드와 함께 가치투자에 관한 교재를 공동 집필하기로 계약한 것이다. 이 책이 바로 증권 분석의 바이블이 된 『벤저민 그레이엄의 증권분석』이다.

그레이엄은 오랜 기간 증시에서 지속적인 상승세가 나타나지 않을 때는 항상 회의적인 관점을 취하곤 했다. "내가 괴로워했던 이유는 재산이 줄어들었기 때문이 아니었다. 주가 동향에 변화의 조짐이 보인 후에도 좌절감은 되풀이되었다. 나는 오랜 기간 손실을 입고, 공황을 겪으면서 언제 고난이 끝날지 알 수 없다는 불안감에 짓눌려 있었다."[67]

1933년 말 시장이 회복되면서 다우지수는 약 100포인트로 안정세를 유지했다. 그레이엄은 주요 주주들과 새로운 보상 규정을 적용하기로 합의했다. 1934년부터 주주들은 손실 보상을 포기했고, 대신 그레이엄이 보유할 수 있는 지분에 최대 20퍼센트의 상한선을 두기로 합의했다. 새 규정은 소액 주주들에게는 우편으로 전달되었다. 단 한 사람을 제외하고 모든 주주들이 새 규정에 동의했다. 그레이엄은 그때의 상황에 대해 비꼬듯 이야기했다. "얄궂게도 반대한 단 한 사람은 처가 식구였다. 그는 1935년 12월까지 모든 손실을 보상해줄 것을 요청했고, 우리는 종전의 규정대로 그에게 이익 배당금을 지급했다."[68]

1933년 벤저민그레이엄컨소시엄은 또 한 번 50퍼센트를 넘는 수익을 기록했다. 드디어 역전에 성공한 것이다. 그는 당시 심정을 다음과 같이 밝혔다. "엄청난 수익을 달성하면서 나는 환희에 가득 찼다. 컨소시엄의 목표를 달성한 것은 물론이고, 고객에 대한 염려와 경제적 어려움이 드디어 끝나리라는 희망에 부풀었다. 게다가 나는 감사위원으로도 인정받고 있어서 그 수입도 꽤 쏠쏠했다."[69]

시인 겸 작가였던 벤저민 그레이엄

그레이엄은 어린 시절부터 글을 썼다. 청소년기에 그는 다양한 시를 썼으며 그중 한 편은 고등학교 연보에 실리기도 했다. 월스트리트 초창기에 그는 《더매거진오브월스트리트The Magazine of Wall Street》에 다양한 기사를 발표했다. 그레이엄이 월스트리트에서 유명해지기 전인 1920년에도 《더매거진오브월스트리트》의 발행인인 캐리 와이코프Carry G. Wyckoff가 수석 편집장으로 스카우트했을 정도였다. 하지만 그레이엄은 이 제의를 거절했다.

1930년대 초반에는 여러 편의 희곡을 썼다. 그중 「베이비 퐁파두르Baby Pompadour」는 연극 무대에 오르며 작품성 면에서는 어느 정도의 성공을 거두었다. 그레이엄은 회고록에 "짧고 괜찮았지만 연출에는 실패했다. 이 작품은 일주일 동안 상연되었지만 관객이 별로 없어서 결국 공연이 중단되었다. 「베이비 퐁파두르」

는 대실패였다"라고 기록했다.

반면 그레이엄이 투자자로서 활발하게 활동을 하던 시절에 집필한 『벤저민 그레이엄의 증권분석』(1934)과 『현명한 투자자』(1949) 등의 강의 교재는 아주 성공적이었다. 두 저서는 수십 년 동안이나 재판되고 여러 언어로 번역 출간되었다. 마지막으로 그레이엄은 고인의 입장에서 회고하는 자전적인 시도 썼다. 다음은 그의 시를 번역한 것이다.

"이 남자는 모두가 잊어버린 것을 기억하고, 누구나 기억하는 많은 것을 잊어버렸네. 그는 미인에게 힘을 얻고 사랑에 사로잡혀, 오랫동안 배웠고, 열심히 일했고, 자주 웃었네."[70]

현명한 투자자라고 할지라도

군중심리에 끌려다니지 않으려면

의지가 강해야 한다.

그레이엄-뉴먼
투자회사의 설립

---- 1936~1956 ----

1936년 1월 1일 그레이엄은 컨소시엄을 해체했다. 세무서에서 벤저민그레이엄컨소시엄을 세법상 한 기업으로 취급하는 '합병'으로 간주한다고 통보해왔기 때문이었다. 그레이엄은 변호사로부터 자문을 받고 컨소시엄을 해체하기로 결정한 후, 동료이자 동업자인 제롬 뉴먼Jerome Newman과 함께 그레이엄-뉴먼 투자회사Graham-Newman Corporation를 설립했다.

그레이엄-뉴먼 투자회사는 상대적으로 운용자산 규모가 작은 회사였다. 고작 동료 몇 명이 벤저민그레이엄컨소시엄의 비즈니스를 이어가기 위해 함께 따라왔을 뿐이었다. 이들의 주력 사업은 사업보고서를 분석한 뒤 자산이나 내재가치에 비해 주가가 저평가된 회사의 주식을 찾아내는 것이었다. 특히 증권 분야에서의 차익 거래나 헤지 거래가 주를 이루었다.[71] 그레이엄은 1929년대 증시 붕괴의 쓰라린 경험을 거울 삼아 리스크를 최소화하는 데에 포커스를 맞췄다. 그레이엄의 동료이자 나중에 가치투자자가 된 월터 슐로스Walter Schloss는 그레이엄에 대해 "벤은 투자에서 리스크를 최소화하며 기대 수익률을 보전하는 데 주안점을 두었다"[72]라고 말했다.

1938년은 그레이엄의 개인사에서 큰 아픔이 있었던 한 해였다. 결혼 20년 만에 아내 헤이즐과 갈라선 것이다. 1년 후 1936년에 떠난 유람 여행에서 알게 되어 연인 관계로 발전했던 캐럴 웨이드Carol Wade와 재혼했지만 이 결혼도 그리 오래가지 못했다. "1938년 나는 헤이즐과 이혼하고 얼마 지나지 않아 캐럴 웨이드와 재혼했다. 캐럴 웨이드는 미인이었지만, 그녀와 함께 사는 것은 불가능한 일이었다. 결국 우리는 1940년에 이혼했다."[73]

그레이엄-뉴먼 투자회사는 규모는 작지만 수익률이 높은 기업이었다. 그레이엄-뉴먼 투자회사가 설립된 후 6년 동안은 스탠더드앤드푸어스 90 지수Standard&Poor's 90(이하 'S&P 90', 소기업 90개의 종목을 대상으로 산정하는 주가지수. 당시 미국 주식시장을 대표하는 지수였다)에서도 나타나듯이 약세장이 계속되던 시기였으나, 이들은 다른 기업에 비해 월등한 수익률을 기록했다. 게다가 강세장이 지속되던 1942년부터 1945년까지 그레이엄-뉴먼 투자회사는 S&P 90 지수보다도 약간 앞선 수익률을 기록하며 큰 성과를 냈다.

1946년 다우지수는 212포인트로 최고치를 경신했다. 그레이엄은 투자 수익률을 보전하기 위해 자신이 보유하고 있던 보통주 대부분을 매도했다. 이미 이 시기에는 저평가된 이류 주식을 발굴해 매수하는 전략을 쓰기가 어려워지고 있었다. 그레이엄-뉴먼 투자회사에서 증권 분석가로 일하던 월터 슐로스는 "이때 그레이엄은 현장에서 은퇴해 운명

그레이엄-뉴먼 투자회사와 S&P 90의 지수 수익률 비교[74]

(단위: %)

연도	그레이엄-뉴먼 투자회사	S&P 90
1936~1941	11.8	-0.6
1942~1945	26.3	26
평균	**17.6**	**10.1**

이 다시 자신의 손을 들어줄 날만을 기다리고 있었다. 하지만 1946년 9월 다우지수가 급락했고, 그 바람에 이류 주식의 주가는 완전 폭락하고 말았다"[75]라고 당시 상황을 떠올렸다.

그레이엄-뉴먼 투자회사 20년 역사상 최대 사건은 자동차 보험사 가이코GEICO의 지분을 다량 인수한 것이었다. 1948년, 그레이엄-뉴먼 투자회사에 1936년 설립된 가이코의 주식을 다량 인수하라는 제의가 들어왔다. 당시 가이코는 우편으로 보험 상품을 판매했기 때문에 보험설계사에게 높은 수당을 지급할 필요가 없었으며 공무원만 가입할 수 있는 보험사였다. 공무원은 통계적으로 봤을 때 다른 직업군의 고객 그룹에 비해 손해 보상 청구가 적었기 때문에, 보험사 입장에서 이들은 리스크가 적은 매력적인 고객 그룹이었다.

인수 협상 시 가이코에서 제시한 수치에 의하면 그들의 향후 전망은 매우 밝았다. 그래서 그레이엄은 가이코 주식을 매입하는 데 72만 달러를 투자하기로 결정했다. 이는 당시 그레이엄-뉴먼 자산의 4분의 1에 맞먹는 금액이었다. SEC(미국증권거래위원회)의 압박으로 가이코가 주식회사로 전환된 후, 그레이엄과 뉴먼은 가이코의 경영진으로 임명되었다. 그다음 해부터 가이코의 주가는 급격한 상승세를 보였다. 이에 대해 그레이엄은 다음과 같이 말했다. "주식 시장에서 가이코의 시가총액은 1억 달러 이상으로 평가되었다. 이는 보기 드문 성과였다."[76]

제2차 세계대전 후 미국 증시는 오랫동안 강세장이 지속되었다. 다우지수는 1949년 150포인트에서 1949년 500포인트 수준으로 상승했다. 그러나 저평가된 이류 주식을 찾아

헤매는 벤저민 그레이엄 같은 투자자들은 강세장이 장기적으로 지속되는 시기에는 오히려 재미를 느끼지 못했다. 그레이엄은 "우리의 비즈니스는 심각한 문제없이 순조롭게 이어졌다. 그래서 나는 흥미를 잃었다. 1950년 이후에는 우리의 도전 정신을 자극하는 사건이 없었다"[77]라고 당시를 떠올렸다.

1940년대 말과 1950년대 초반은 주식 투자 이외의 활동에 더 많은 시간을 보낸 시기였다. 이때 그레이엄은 '증권 분석가'라는 직업을 전문화했다. 1947년에 설립된 재무분석가 재단 제1차 연례회의 연설에서 그레이엄은 증권 분석가라는 직업에 전문화된 표준과 공식 시험을 도입할 것을 요청했고, 《재무분석가저널Financial Analysts Journal》에 관련된 강연 내용을 글로 정리하여 발표하기도 했다.

1949년 그는 두 번째 베스트셀러인 『현명한 투자자』[78]를 발표했다. 『현명한 투자자』는 이후 여러 차례 개정을 거치며 재출간되는 등 오늘날까지도 투자 기본서로 읽히고 있다. 이어서 그레이엄은 가치투자자들의 필수 교재인 『벤저

민 그레이엄의 증권분석』 개정 작업에 착수해 1951년 제
3판을 발표했다. 그런가 하면 1951년부터 1953년까지 뉴
욕에 위치한 유대인 시각장애인 협회 회장을 역임하기도
하는 등 그는 투자 외에도 활발한 외부 활동을 이어갔다.

투자자들의 압력으로 1950년대 초반 그레이엄은 '뉴먼앤
드그레이엄 합자회사'라는 이름으로 새로운 펀드를 출시
했다. 초기 자본은 257만 달러였고, 투자자들은 최소 예치
금 5만 달러가 있어야 신규 펀드에 투자할 수 있었다. 단
몇 년 만에 수많은 투자자가 모인 뉴먼앤드그레이엄 합자
회사는 1954년에 600만 달러의 자본을 기록했고, 그레이
엄-뉴먼 투자회사만큼이나 큰 규모로 성장했다.[79]

1951년 그레이엄은 수제자였던 워런 버핏을 채용에서 떨
어뜨렸지만, 3년이 지난 후 증권 분석가로 그를 다시 영입
했다.

"그레이엄이 나한테 돌아오라고 편지를 보내왔다."[80]

졸업 후 고향 오마하로 돌아갔던 버핏은 그레이엄의 부름에 주저없이 뉴욕행 비행기에 올랐다. 공식적으로 업무를 시작하기 한 달 전인 1954년 8월 2일, 버핏은 그레이엄-뉴먼 투자회사에 출근했다.

버핏이 합류했던 시기 그레이엄-뉴먼 투자회사는 비서와 사장을 포함해 전 직원이 고작 여덟 명밖에 되지 않는 작은 회사였다. 회사에서 모든 직원은 연구소 가운처럼 생긴 회색 재킷을 입었고, 버핏은 재킷을 건네 받던 순간을 이렇게 기억했다.

> "그레이엄-뉴먼 투자회사에서 재킷을 건네 받던 때는 가히 위대한 순간이었다. 모두가 이 재킷을 입고 있었다. 벤도, 제롬 뉴먼도 그랬다. 재킷을 입고 있을 때 우리는 모두 동등한 존재였다."[81]

그레이엄-뉴먼 투자회사는 잘 알려지지 않되 주가가 BPS의 3분의 1 미만인 기업, 쉽게 말해 주가가 말도 안 되게 낮은 기업의 주식을 전문적으로 취급했다.[82] 그레이엄은 이런 주식들을 '담배꽁초'라고 표현했다. 버려진 담배꽁초일지라도 항상 조금은 남아 있기 마련이었고, 이런 담배꽁초를 주워 남은 한 모금을 피우는 것이 이들의 주특기였다.

직원들은 무디스와 S&P의 주식 정보지에서 담배꽁초 기업들을 샅샅이 조사하고, 미리 준비해둔 양식에 기업들의 투자 지표를 채워 넣었다. 그러면 그레이엄과 뉴먼이 담배꽁초를 주워 한 모금을 피울 것인지, 아니면 꺾어버릴지를 최종 결정했다. 그들은 담배꽁초 주식을 다량 매입했고, 일부는 소량으로 매입했다. 주식 명세서의 거래 총액이 1000달러 미만인 경우도 있었다. 하지만 버핏은 그레이엄이 사용하는 고도의 분산투자 전략을 별로 마음에 들어 하지 않았다. "버핏은 내가 분산투자라는 말만 꺼내면 다른 데로 시선을 돌렸다."[83]

버핏은 그레이엄-뉴먼 투자회사의 업무가 긴장감이 넘칠 것이라 생각했다. 하지만 그레이엄은 직원들과 항상 일정한 거리를 유지했다. 버핏은 "그레이엄은 자기 주변에 '방어막'을 친 듯했다. 모든 사람이 그레이엄을 좋아했고 그의 주변에 머물고 싶어 했다. (…) 하지만 아무도 그와 가까워질 수 없었다"[84]라고 이야기했다. 버핏은 그레이엄이 리스크가 큰 투자를 기피하는 점이 마음에 들지 않았다. 1955년 당시 그레이엄-뉴먼 투자회사가 보유하고 있던 운용 자산은 약 500만 달러에 불과했다. 한마디로 투자할 여지가 많지 않았던 것이다.

버핏의 업무 능력은 뛰어났다. 1년 반 만에 그레이엄과 뉴먼이 버핏을 파트너 후보자로 점찍어놓을 정도였다. 버핏의 전기 작가 앨리스 슈뢰더Alice Schroeder는 이 상황을 "워런은 뛰어난 업무 능력으로 그레이엄-뉴먼 투자회사의 다크호스로 떠올랐다"라고 표현했다.[85]

하지만 버핏은 그레이엄-뉴먼 투자회사의 동업자가 되지 못했다. 1956년 그레이엄과 뉴먼은 그레이엄-뉴먼 투자회사와 설립된 지 몇 년 밖에 되지 않은 뉴먼앤드그레이엄 합자회사를 정리하기로 결정했기 때문이다. 주식 투자에 대한 열정이 식어버린 그레이엄은 62세의 나이로 은퇴를 선언했다. 그레이엄의 회고록 서문에서 시모어 채트먼은 그레이엄의 지난 세월을 다음과 같이 정리했다.

그레이엄은 평균 17퍼센트의 수익률을 달성했다. 이것은 《월스트리트저널》의 기사 목록에 오른 다른 기업들에 비해 높은 수치는 아니지만, 그는 증시 붕괴와 대공황이 있었던 1929년부터 1956년 동안에도 꾸준히 수익을 올렸다.[86]

그레이엄-뉴먼 투자회사의 포트폴리오

1955년 주주서한에서 그레이엄은 그레이엄-뉴먼 투자회사의 세금 결산일을 1954년 1월 31일이라 명시했다.

투자 포트폴리오 구성은 다음과 같다.

그레이엄-뉴먼 투자회사의 포트폴리오(1955년 1월 31일 기준)

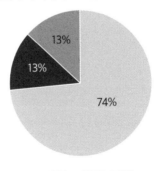

■보통주　■우선주　■채권

1954년 그레이엄-뉴먼 투자회사는 펀드 자산의 약 3분의 1을 보통주에 투자했다.

업계별로 분류하면 지주회사 2개, 철도회사 7개, 은행 1개, 그리고 소기업과 현재까지도 잘 알려지지 않은 산업 기업 70개에 투자했다.

1946년부터 1958년까지의 그레이엄-뉴먼 투자회사의 주주서한과 포트폴리오 상세 정보는 인터넷 사이트에서도 찾아볼 수 있다.

* 그레이엄-뉴먼 투자회사의 주주서한과 포트폴리오 아카이브
  https://rbcpa graham/graham-newman-letters-to-
  shareholders/

사랑에 진심이었던 남자

그레이엄은 그는 세 번 결혼하고, 두 번 이혼했다. 첫 번째 아내 헤이즐 머주어는 무용과 수사학 교사였고, 두 번째 아내 캐럴 웨이드는 쇼걸이었으며, 세 번째 아내 에스텔 메싱은 그의 비서였다.

이들뿐만 아니라 불륜 관계이던 여성도 여럿 있었다. 심지어 말년에는 죽은 아들의 여자 친구였던 마리 루이즈Marie Louise와 동거하기도 했다. 그레이엄은 자신에 대해 "나는 친구로는 나쁘지 않다. 하지만 연인으로는 부적절한 사람이다. 덧붙여 말하면 연인으로서 유쾌하지 않은 사람이기도 하다"라고 표현했다.[87]

문학 비평가이자 수사학 교수인 시모어 채트먼은 그레이엄의 여자관계에 대해 "사랑이 바보짓이든 아니든 간에 그레이엄을 단순한 플레이보이로 치부하는 건 옳지 않다. 그는 진심으로 여자를 좋아했다. 공개석상에서 그의 모습은 늘 바르고 신사적이었을지 모르지만, 그는 여자를 찬양했고 여자들과 늘 즐거운 시간을 보냈다"[88]라고 말했다.

버핏은 자신의 스승 벤저민 그레이엄 주변에 늘 여성이 몰려 있는 것을 보곤 '특별함이라고는 찾아볼 수 없는 그가 쉬지 않고 사랑을 하는 것이 놀라울 뿐이다"라고 말하기도 했다.

돌아보면 나는 꽤 행복한 삶을 살았다.

하지만 한껏 도취해서 살아보지는 못했다.

나는 미식가도 아니었고, 자연이나 삶의 심미적 측면을

제대로 감상하며 사는 법을 배우지 못했다.[89]

위대한 분석가의
안식

── 1957~1976 ──

그레이엄은 회사를 처분한 후 뉴욕의 거처도 정리했다. 그는 아내 에스텔, 아들 벤저민 주니어와 함께 캘리포니아주의 베벌리힐스로 이사했다. 이곳에서 그레이엄은 나중에 버크셔해서웨이의 부회장이 될 찰리 멍거를 알게 되었다. 이사한 지 얼마 안 되어 그레이엄은 로스앤젤레스 캘리포니아대학교 경영대학원의 재무학 특임 교수로 임명되었다. 이곳에서 그는 15년 동안이나 강의료를 한 푼도 받지 않고 강의를 했다. 이후에는 저작물을 몇 편 발표했다. 1957년에는 회고록 집필을 시작했고, 1962년에는『벤저민 그레이엄의 증권분석』4차 개정판을 발표했다.

71세에 그레이엄은 가이코 이사직에서 물러났고, 1년 후 그는 연인 마리 루이즈와 함께 캘리포니아주 샌디에이고 인근 라호이아로 거처를 옮겼다. 두 사람은 1년에 몇 달은 라호이아에서, 나머지 몇 달은 마리의 집이 있는 프랑스 엑상프로방스에서 지냈다. 그레이엄은 세상을 떠나기 직전 재무 분석가 재단 최고의 영예인 몰로도프스키상을 수상했다.

1976년 건강이 악화된 그레이엄은 하와이의 투자자 제임스 뷰캐넌 리아James Buchanan Rea와 함께 리아-그레이엄 펀드Rea-Graham Fund를 설립했다. 그레이엄은 개인 투자자를 위한 개방형 펀드를 합자회사 형태로 설립한 후 프랑스로 떠났다. 엑상프로방스에 도착한 후 그레이엄은 제자인 워런 버핏에게 편지를 썼다.

지금 내 건강 상태가 아주 좋지 않네. 말루(마리 루이즈

의 애칭)가 간호사와 비서 역할을 도맡아 하며 나를 돌

봐주고 있네(그녀는 두 일 모두 야무지게 잘해내고 있지!). 내가

언제 캘리포니아로 돌아갈 수 있을지, 아니 과연 갈 수

있기나 한지도 모르겠네. 만사형통하길 기원하며, 벤

이 보냄.[90]

그로부터 2주 후, 그레이엄은 향년 82세의 나이로 영원한

안식에 들어갔다.

그레이엄의 가장 위대한 제자, 버핏

워런 버핏은 1930년 8월 30일 네브래스카주 오마하에서 태어났다. 그는 필라델피아 펜실베이니아대학교와 뉴욕 컬럼비아대학교에서 경영학을 전공했고, 뉴욕에서 그레이엄과 도드의 증권분석 강의를 들었다. 졸업 후 버핏은 그레이엄-뉴먼 투자회사에 입사 지원을 했으나 불합격했고, 고향 오마하로 돌아가 3년 동안 주식중개인으로 활동했다.

허나 그는 이 시기에도 스승 그레이엄과 활발하게 편지를 교환했다. 그가 뉴욕에서 증권 분석가로 일해보지 않겠냐는 그레이엄의 제의를 흔쾌히 수락했을 때, 그레이엄은 매우 기뻐했다고 한다. 하지만 그레이엄은 2년 만에 사업을 정리했고 버핏은 오마하로 다시 돌아갔다. 이후 버핏은 1969년까지 투자조합을 운영하며 다양한 펀드를 출시했다.

1970년부터 버핏은 섬유회사였던 버크셔해서웨이Berkshire Hathaway를 투자 지주회사로 키우기 시작했다. 현재 버크셔해서웨이는 70개 이상의 자회사를 거느리고 있고, 프루트오브더룸Fruit of the Loom, 듀라셀Duracell, 가이코, 데어리퀸Dairy Queen 등이 그 산하에 있다. 이들은 또한 유명 기업의 주식을 다량으로 보유하고 있다.

워런 버핏은 당대의 가장 성공한 투자자로 일컬어진다. 그는 지난 수십 년 동안 《포브스Forbes》가 선정한 세계 10대 갑부 리스트에 항상 이름을 올렸다. 버핏은 그레이엄이 발전시킨 가치투자 원칙을 적용하여 투자해온 것은 물론이고 이 원칙을 시대적 요구에 맞춰 진화시켜왔다.

2부
벤저민 그레이엄의 투자 철학

불확실성과
친구가 되어라

일반 대중이 시장을 예측해

돈을 벌 수 있다고 생각하는 건 터무니없는 착각이다.

수많은 투자자는
왜 그레이엄에 열광하는가

벤저민 그레이엄은 34년 동안이나 뉴욕 증시에서 독립적인 펀드매니저로 활동하며 큰 성공을 거두었다. '검은 목요일(1929년 월스트리트 대폭락의 시발점이 된 10월 24일 목요일을 가리키는 말이다)'의 여파로 인한 위기의 4년(1929년~1932년)을 제외하면 그는 항상 수익을 올렸다. 그가 기록한 수익률은 대개 다우지수나 S&P 지수 등보다 월등히 높았다.

그레이엄은 1925년부터 1928년까지 벤저민그레이엄컨소시엄을 운영하며 평균 25.7퍼센트의 높은 수익률을 달성했다. 1929년에는 증시 붕괴와 잇단 대공황으로 막대한 손실을 입었으나 다우지수 상장 기업에 비하면 적은 수준이었다. 1933년 주가가 회복되면서 벤저민그레이엄컨소시엄은 다시 50퍼센트 이상의 수익률을 올릴 수 있었다.

한편 그레이엄-뉴먼 투자회사에서도 그레이엄은 항상 수익을 냈다. 1936년부터 1945년까지 그레이엄-뉴먼 투자회사의 연평균 수익률은 무려 17.6퍼센트에 달했다. 이는 동기간 S&P 90의 연 수익률이 10.1퍼센트에 불과했던 것과 비교하면 현저히 높은 실적이었다.

제2차 세계대전이 끝난 후에도 그레이엄-뉴먼 투자회사의 비즈니스는 여전히 성공적이었다. 1955년부터 1956년까지 강세장이 지속될 때는 오히려 수익률이 감소했다. 앞에서 잠시 다뤘지만 이 시기 그레이엄은 주식 투자에 대해 점점 흥미를 잃어가고 있었다. "그럭저럭 만족스러운 투자 성과를 올리기는 생각보다 쉬운 일이지만, 탁월한 성공을 거두기는 보기보다 어려운 일이다."[91]

대부분의 투자자들과 달리 벤저민 그레이엄은 자신의 투자 방법을 숨기지 않았다. 그가 1920년대에 컬럼비아대학교에서 증권 분석 강의를 시작할 수 있었던 것도 이런 이유에서다. 그레이엄은 강의에서 자신이 투자에서 수익을 거둘 수 있었던 최신 사례를 들면서 투자법을 설명했다. 그렇기에 강의는 무척 실용적이었다. 그래서 강의를 듣고 실전에 적용하려는 주식중개인들이 언제나 강의실을 가득 메우곤 했다.

비록 지금은 현장에서 그레이엄의 강의를 들을 수 없지만, 우리에게는 그의 투자 방법이 요약되어 있는 두 권의 저서가 남아 있다. 이 두 저서는 요즘 독자들이 읽어도 전혀 시대감이 느껴지지 않는다. 1934년 그레이엄은 당시 조교였던 데이비드 도드와 함께 가치투자의 바이블로 여겨지는 『벤저민 그레이엄의 증권분석』 초판을 발표했다. 2008년에는 6차 개정판이 발표되었는데, 여기에는 전 시대를 통틀어 가장 성공한 투자자인 워런 버핏의 서문이 수록되어 있다.

벤저민과 데이비드는 투자 지도를 작성했다. 나는 지난 57년간 이 지도를 보면서 투자의 방향을 정했다. 이미 이처럼 훌륭한 지도가 있기 때문에, 우리는 더 이상 다른 지도를 찾아볼 이유가 없다.**92**

1949년 그레이엄은 두 번째 저서 『현명한 투자자』를 발표했다. 워런 버핏은 이번에도 역시 『현명한 투자자』가 모든 투자자의 영원한 지침서라고 예찬했다.

주식 투자 분야의 책은 출간하고 몇 주 혹은 몇 달만 지나도 시대에 뒤떨어진다는 평가를 받기 마련이다. 하지만 벤저민은 다르다. 그는 이 책으로 주식 투자의 기초를 세웠다. 금융 시장에 폭풍이 몰아치는 이유는 어설픈 지식으로 금융 시장을 망가뜨리는 투자자들이 있기 때문이다. 벤저민의 전략은 이러한 폭풍이 몰아친 후에 더 빛을 발한다. 그동안 우리는 벤저민의 조언을 충실히 따르는 일반 투자자보다 투자 전문가가 오히려 투자에 실패해 넘어지는 모습을 수없이 보아왔다. 반면 투자에 재주가 없는 사람일지라도 벤저민의

조언을 믿고 따른 이들은 풍부한 결실을 얻었다.[93]

버핏은 특히 시장 변동이나 안전마진과 관련해 그레이엄의 조언을 따를 것을 권하고 있다.

이제부터 2부에서는 벤저민 그레이엄이 어떤 전략으로 투자를 해왔고, 투자에 어떤 철학을 갖고 있는지 살펴보면서 그의 투자법을 배워보도록 하자.

찰리 멍거와 벤저민 그레이엄

캘리포니아주 패서디나에서 겨우 30킬로미터 떨어진 곳에 살던 찰리 멍거는 그레이엄과 공통점이 많았다. 멍거의 전기 작가 재닛 로우Janet Loew는 그들의 공통점에 대해 다음과 같이 이야기했다.

"그레이엄과 멍거는 깜짝 놀랄 정도로 공통점이 많다. 일단 두 사람은 벤저민 프랭클린Benjamin Franklin을 존경했고 본받으려고 노력했다. 놀랍게도 프랭클린, 그레이엄, 멍거 이 세 사람 모두 첫 아들을 병으로 떠나보냈는데, 이들의 병은 몇 년 후에만 태어났더라도 충분히 고칠 수 있는 것이었다. 그레이엄과 멍거는 냉소적이고 간혹 썰렁한 유머를 즐겼으며 문학과 과학, 위대한 사상가의 가르침에 많은 관심을 가졌다. 또한 두 사람은 고전을 자주 인용했다."[94]

멍거는 그레이엄의 가치투자 이론이 근본적으로 옳다고 생각했으나 그레이엄이 발전시킨 담배꽁초 전략은 비판했다.

"벤의 이론에는 허점이 있었다. 그는 높은 웃돈을 주고 매입할 가치가 있는 기업들을 높이 평가하지 않았다."[95]

멍거는 소위 '그레이엄 라운드'[96]의 창립 멤버이기도 했다. 그들은 정기적으로 모여 가치투자에 대해 다양한 아이디어를 주고받았다. 그레이엄 라운드란 다양한 분야의 가치투자 지지자들이 아이디어를 나누기 위해 정기적으로 모이는 행사로, 첫 회의는 1968년 캘리포니아의 코로나도 호텔에서 개최되었다. 당시 이 회의에는 워런 버핏, 빌 루안, 톰 냅Tom Knapp, 월터 슐로스, 헨리 브랜트Henry Brandt, 샌디 고츠먼Sandy Gottesman, 마셜 와인버그Marshall Weinberg, 에드 앤더슨Ed Anderson, 버디 폭스Buddy Fox, 잭 알렉산더Jack Alexander 등 당대 최고의 투자자들이 총출동했다. 당연히 벤저민 그레이엄도 참석했다.

보통주의 내재가치를 정확하게 평가할 수 있는 기준은

주가 변동뿐만 아니라, PER, DY, PBR이다.[97]

가치투자란
대체 무엇인가

"잘 모르는 일에는 손대지 마라!" 그레이엄은 이 삶의 지혜를 주식 투자에도 적용했다. 또한 투자자들에게 "주식 매수 전 기업의 내재가치를 정확하게 따져보라!"라는 주옥같은 조언을 남기기도 했다. 그렇다면 투자자들은 특정 주식 혹은 해당 기업의 내재가치를 어떻게 알 수 있을까? 이 질문에 대한 답을 찾는 데 그레이엄이 도움을 줄 것이다. "주가수익비율Price Earning Ratio(PER)만 보고 주식을 매수하는 것은 현명한 투자가 아니다. 투자자는 PER에 대한 정보를 추가로 요청할 수 있다. PER은 한 기업의 재무 상태와 향후 몇 년간의 전망을 판단할 수 있는 자료가 된다."[98]

그는 『현명한 투자자』에서 주식의 내재가치를 평가하는 몇 가지 기준을 제시했다. 그중 대표적인 것이 기업의 자산 가치다.

한 기업의 자산 가치는 재무상태표의 대변에 기입되어 있다. 그레이엄은 한 기업의 자산 가치를 장부가치와 동일시했다. 쉽게 말해, 그는 자산 가치를 계산할 때 한 기업의 '유형가치'로 제한한 것이다. 그가 말하는 자산 가치에는 회사 가치, 브랜드, 특허, 면허 등 무형가치는 반영되어 있지 않다.[99] 주가장부가치Bookvalue Per Share(BPS)는 자기자본을 발행 주식 수로 나눈 값인데, 이때 BPS가 주가와 비슷하다면 매수해도 좋다.

다음 항목을 보며 내재가치를 어떻게 평가해야 할지 알아보도록 하자.

투자 전 반드시 점검해야 할 핵심 지표

앞에서 언급한 주식 매수 결정 기준 외에 그레이엄은 주식 매수 시 PER, DY, 주가장부가치비율Price Book Value Ratio(PBR) 등을 따져볼 것을 권했다. 또한 그는 한 기업의 사업보고서를 읽어보면서 기업 활동을 관찰하고, 동일한 방법으로 주식의 내재가치를 평가해보라고 조언했다.[100]

상장회사의 사업보고서는 금융감독원의 전자공시시스템DART에 들어가면 다운로드받을 수 있다. 투자자들은 해당 기업의 정기공시에서 과거 사업보고서를 읽을 수 있고, 파일로도 내려받을 수 있으며 해당 기업의 투자자관리부서IR에 자료를 요청할 수도 있다.

단, 최신 사업보고서를 다운받거나 요청할 때 유의할 점이 있다. 해당 연도뿐만 아니라 최소 3년치의 자료를 확보하라는 것이다. 그래야 몇 년치 수익을 비교할 수도 있고, 사업보고서에 나온 계획대로 사업이 이뤄지고 있는지도 살펴볼 수 있다.

사업보고서 분석 외에도 그레이엄은 일간지의 경제 섹션 기사나 경제지를 읽어볼 것을 권한다. 분기별 실적, 인수 혹은 제품 개발, 증시 뉴스 등 대기업의 활동이 정기적으로 기사화되어 실리기 때문이다. 기업 소식지 혹은 증권 뉴스를 정기 구독하면 최신 정보를 항상 얻을 수 있다. 자, 그렇다면 어떤 투자 지표를 먼저 살펴야 할까?

주가수익비율

매입 전 점검해야 할 투자 지표로는 먼저 PER이 있다. PER은 주식 평가 시 가장 많이 사용되는 지표인데, PER은 주가순이익Earnings Per Share(EPS)으로 현재의 주가를 회수하려면 몇 년이 걸리는지를 나타낸 것이다. PER은 주가를 EPS로 나눈 값이다. 예를 들어 주가가 10만 원이고, EPS가 5000원인 경우 PER은 20배다. 사업 전망이 안정적이고 PER이 15배 미만이라면 저평가된 주식이라고 할 수 있다. 단, 손실이 발생했을 경우 PER은 내재가치를 평가하는 데 쓸모가 없으니 이런 경우에는 주가현금흐름비율Price Cashflow Ratio(PCR)을 평가 기준으로 삼아야 한다. 참고로 투자 결정 전 여러 해의 PER을 계산해보는 것도 중요하다.

일단 최근 연도의 EPS를 계산의 기준으로 삼는다. 이는 실제 자료를 바탕으로 한 수치라는 점에서 큰 장점이 있지만, 원칙적으로는 사실 쓸모없는 수치다. 증시는 '미래의 전망이 반영되는 곳'이기 때문이다. '당기 예상 EPS'를 계산 기준으로 삼는 방법도 있다. 최신 PER에는 과거 수치보다 사업 동향이 반영되어 있기 때문이다. 물론 이 수치는 전망일 뿐이다. 단, 이처럼 기간을 길게 두고 여러 해의 PER을 조사하면 현재 해당 기업이 주식 시장에서 고평가되었는지, 아니면 저평가되었는지 파악할 수 있다.

배당수익률

DY가 높아질수록 투자자에게 유리하다. 하지만 배당금은 1년 사이에 증가할 수도 있고 감소할 수도 있다. 지속적으로 배당금을 지급하고 정기적으로 DY가 증가하는 기업에 투자하는 것이 가장 이상적이다. 한 기업의 재무 상태와 주가를 좀 더 정확하게 파악하려면 DY 역시 몇 년치를 비교해보는 것이 좋다.

자기자본비율

자기자본비율은 자기자본을 총 사잔으로 나눈 값이다. 총
자산에서 자기자본이 차지하는 비율을 나타낸 투자 지표
로, 자기자본비율에는 한 기업의 자본 구조와 신용도에 관
한 정보가 담겨 있다. 업계별로 차이가 있긴 하지만 자기자
본비율이 높을수록 탄탄한 기업이라고 할 수 있다.

자기자본이익률

일정 기간 자기자본으로 얼마나 당기 순이익이 발생했는
지를 나타내는 자기자본이익률Return On Equity(ROE)은 당기
순이익을 자기자본으로 나눠 계산하는데, ROE가 높을수
록 이익률이 크다는 뜻이다. 단, ROE는 다른 수치와 조합
해야 설득력 있게 평가할 수 있다. 자기자본을 많이 보유하
되 ROE가 높은 기업이 가장 이상적이다. 이런 기업은 꾸
준히 높은 수익률을 유지한다.

총자산순이익률

총 자산에서 얼마나 당기 순이익이 발생했는지 나타내는
지표다. 총자산순이익률Return On Assets(ROA)이 10퍼센트라

는 것은 총 자산 10만 원을 투자해 1만 원의 당기 순이익
이 발생했다는 뜻이다. ROA가 높을수록 매력적인 투자 대
상이라고 할 수 있다. ROA는 당기 순이익을 총 자산으로
나누어 계산한다.

주가장부가치비율

기업의 자산을 평가하기 위한 투자 지표로, 주가를 BPS로
나눈 값이다. PBR은 버핏과 그레이엄 같은 가치투자자들
이 기업을 평가할 때 특히 많이 활용했다. PBR이 낮을수록
주가가 저평가되어 있는 것이다. 주가가 BPS보다 훨씬 낮
을 때 주식을 매수하는 것이 이상적이다. 단, 매수 전에 건
실한 기업인지 확인해보아야 한다. 만약 적자를 기록했거
나 성장 전망이 없는 기업이라면 자산 가치를 더 낮게 간
주해야 한다. 이러한 주식은 매수 대상이 아니다.

주가현금흐름비율

유동성을 가늠할 수 있는 투자 지표다. 분석 대상 기업이
적자를 기록한 경우 PCR을 판단 기준으로 삼는다. 적자인
경우 PER은 판단 기준으로서 쓸모가 없기 때문이다. PCR

이 낮을수록 주가가 저평가되었다고 할 수 있다. PCR은 주가를 주가현금흐름Cashflow Per Share(CPS)으로 나눈 값이다.

주가매출비율

역시 적자를 기록한 주식을 평가하는 데 사용되는 지표로, 주가를 주가매출액Sales Per Share(SPS)으로 나누어 계산한 값이다. 산업기업, 도매기업, 원료 제조업체 등 경기가 상승할 때는 주가가 급등하는 경기 순환주를 평가할 때 주가매출비율Price Sales Ratio(PSR)을 평가 기준으로 자주 사용한다. 동일 업계의 다른 기업에 비해 PSR이 낮은 기업은 주가가 저평가된 것으로 간주한다.

이 결정 기준별 핵심을 파악하려면 표를 작성해 해당 기준별 주가를 채워 넣어 비교해보는 것이 좋다. 여기서 초보 투자자가 기억해야 할 것은, 가치를 기준으로 매수할 주식을 찾아야 한다는 점이다. 먼저 주식시세표를 전체적으로 보는 연습부터 시작하라. 시세가 안정적인 주가지수 등을 집중적으로 살펴라. 전년도 주가도 HTS 등에서 찾아보고, 판단 기준에 따라 주식의 내재가치를 평가하라.

앞에서 소개한 주식 혹은 기업의 내재가치를 평가하는 방법은 『현명한 투자자』에서 그레이엄이 제시한 전략으로, 실전에 적용하기에 매우 좋다. 그는 『벤저민 그레이엄의 증권분석』에서 한 기업의 내재가치를 과거 10년 평균 EPS를 바탕으로 산출했다. 하지만 이러한 방식의 산출법이 정확한 수치가 아니라 근삿값이라는 점을 인정했다. "이 방법으로 내재가치가 우량한지, 부도 가능성은 없는지, 주식을 매수하기에 매력적인지, 현재 주가가 고평가되어 있는지 저평가되어 있는지 충분히 판단할 수 있다."[101]

내재가치는 경기 변동이 반영된 근삿값이기 때문에 이것만을 매수 기준으로 삼을 수 없다. 그래서 그레이엄은 리스크를 줄이는 '안전마진'이라는 개념을 도입했다. "경험이 많은 투자자들은 안전마진 전략이 건실한 채권과 우선주를 선택하는 데 있어서 중요한 역할을 한다는 사실을 알고 있다."[102]

그레이엄에 의하면 안전마진은 20~30퍼센트 정도여야 한다. 내재가치 대비 20~30퍼센트 이상 저평가되어 안전마진이 확보되었다면 매수 대상으로 관심을 가져도 좋다.

그레이엄의 기간별 주가 정리표(예시)

(단위: 달러)

주요 종목	아디다스 (Adidas)	바이엘 (Bayer)	이온 (E.ON)	SAP	뒤르 (Dürr)	레오니 (Leoni)
0000년 00월 00일	172.05	108.22	9.24	96.44	110.35	64.14

BPS

	아디다스	바이엘	이온	SAP	뒤르	레오니
2016	32.12	38.57	0.53	21.47	23.40	27.75
2015	28.30	30.77	8.21	18.94	20.15	30.44
2014	27.52	24.45	12.29	15.88	17.78	28.04

PER

	아디다스	바이엘	이온	SAP	뒤르	레오니
2016	29.60	18.20	-	27.20	14.90	107.20
…						

PBR

	아디다스	바이엘	이온	SAP	뒤르	레오니
2016	4.67	9.93	-12.71	3.86	3.36	1.16
…						

PCR

	아디다스	바이엘	이온	SAP	뒤르	레오니
2016	22.24	9.93	2.53	21.98	11.96	6.46
…						

DPS	2.00	2.70	0.21	1.25	2.10	0.50

주요 종목					
0000년 00월 00일					

BPS

2016					
2015					
2014					

PER

2016					
…					

PBR

2016					
…					

PCR

2016					
…					

DPS					

분산투자는 보수적인 투자자에게 바람직한 투자 전략이다.

분산투자의 효과를 인정하는 투자자는

분산투자와 관련이 있는 안전마진 원칙도 알아야 한다.[103]

그레이엄이
버핏과 멍거와 달랐던 점

그레이엄은 열렬한 분산투자 지지자다. 실제로 그의 투자 포트폴리오는 아주 다양한 종목들로 구성되어 있었다. 1954년 주주서한에서 그레이엄은 주주들에게 포트폴리오 구성을 상세히 설명했는데, 대부분이 작은 기업이었으며 70개 종목의 보통주로 구성되어 있었다. 그는 여러 기업에 자산을 분산시켜 리스크를 최소화하는 것이 투자자가 가장 먼저 지켜야 할 원칙이라고 믿었다.

분산투자의 목표는 다양한 종목에 투자해 손실 리스크를 분산시키는 것이다. 쉽게 말해 어떤 종목에서 손실이 발생하면 다른 종목들의 수익으로 손실을 메운다는 것이다. "안전마진을 크게 확보할수록 투자자에게 도움이 되지만, 그런 종목은 찾기 어렵다. (…) 안전마진을 확보한 종목이 포트폴리오에 많이 포함될수록 총 수익이 총 손실보다 많아질 가능성이 높다."

그레이엄은 분산투자가 보수적인 투자 원칙이라는 사실을 명확히 밝혔다. 투자 자금이 한정되어 있기 때문에 다양한 종목을 소량씩만 매수할 수 있다는 현실적인 한계도 고려한 것이다.

워런 버핏과 찰리 멍거는 그레이엄의 후계자였지만 분산투자에 대한 생각은 스승과 달랐다. 이들은 그레이엄과 달리 유망한 종목에 집중적으로 투자하고, 인위적으로 다양한 종목에 분산투자하는 방식은 지양했다. 그들의 전략은 몇몇 가치우량주를 집중적으로 대량 매수하는 것이었다. 그러나 이 전략은 리스크가 크기 때문에 펀더멘털 데이터가 호전된다고 확신할 때만 적용해야 한다. 일반 투자자라면 기본적으로 그레이엄의 보수적인 분산투자를 적용하되, 부분적으로는 버핏과 멍거의 집중투자를 시도해보는 것이 좋다.

월스트리트에서 성공하기 위한 두 가지 전제 조건이 있다.

하나는 바르게 사고하는 것이고,

다른 하나는 독립적으로 사고하는 것이다.[104]

'미스터 마켓'을
미치광이로 만들지 않는 법

그레이엄은 훌륭한 투자자라면 시세 변동을 보고 거래를 결정해서는 안 된다고 생각했다. 그의 지론에 따르면 내재 가치를 기준으로 주식을 분석하고 매수하는 투자자는 시세 변동에 일희일비할 필요가 없다. "진정한 투자자에게 시세 변동이 갖는 의미는 단 하나다. 이들에게 시세 변동이란 폭락하면 저렴한 가격에 주식을 매수하고, 급등하면 좋은 가격에 주식을 매도한다는 정보일 뿐이다. 그렇지 않은 경우라면 시세에는 신경을 끄고, 자신이 투자한 종목의 DY

와 사업 실적을 살피는 것이 훨씬 낫다."

이러한 상관관계를 명확히 설명하기 위해 그레이엄은 '미스터 마켓Mr. Market'이라는 우화적 인물을 만들었다. 미스터 마켓이라는 캐릭터를 통해 그는 이성적인 투자자가 시세 변동에 어떻게 반응해야 하는지 알려준다.

미스터 마켓은 매일같이 나타나 당신에게 현재 주가가 얼마인지 알려준다. 그는 당신에게 주식 매수를 권유하기도 하고, 다른 주식을 추가로 매수할 것을 종용하기도 한다. 간혹 그가 매수를 제안한 주식은 타당성 있다는 평가를 받기도 하지만, 고평가되었거나 저평가된 것도 있다. 그레이엄은 이 이야기를 통해 결정적인 질문을 던진다. "당신은 매일 미스터 마켓이 보내는 보고에 일일이 반응하며 살고 싶습니까? 당신이 확실하게 판단을 내렸거나 거래할 의향이 있는 경우에만 반응을 보이면 되지 않을까요? 물론 비싼 가격으로 주식을 매도하거나 싸게 주식을 매수한다면 기쁠 겁니다. 하지만 그보다는 사업보고서를 읽으며 회사의 사업 동향을 관찰하고, 같은 방법으로 당신이 투자한 주식의 내재가치를 스스로 평가해보는 편이 더 낫습니다."[105]

물론 그레이엄이 말한 것처럼 아무리 현명한 투자자라고 할지라도, 대단한 의지가 있지 않은 한 군중심리에 휘둘리지 않기는 매우 힘든 일이다.[106] 하지만 당신이 내재가치를 기준으로 투자 종목을 선택했다면 시세 변동에 크게 흔들릴 필요가 없다. 훌륭한 선원들이 조종하는 배를 타고 있으면 파도를 헤치고 지나갈 수 있는 법이다. 하나의 파도를 통과한 후 더 큰 파도가 몰려오더라도 말이다.

분석가를 맹신하지 마라

그레이엄은 증권 분석가들의 전략을 그다지 신뢰하지 않았다. 그 대신 고 주식 매수나 매도를 결정했다. 오로지 '주식의 가치'를 기준으로 삼았다. 특히 그는 전문가들이 지나치게 많은 전망을 내놓는다는 점을 지적했다. "매일 투자 전망이 쏟아지고 있다. 어떻게 투자자들이 이 많은 정보를 수용하겠는가!"[107]

그는 분석가들이 투자자의 행복보다는 자신들의 돈벌이를 위해 전망을 내놓는다고 생각했다. "이 분야에는 너무 많은 지적 능력이 낭비되고 있다. 물론 탁월한 증권 분석으로 큰돈을 번 사람들도 있다. 하지만 일반 투자자가 전문가의 전망을 참고해 큰돈을 벌 수 있다고 믿는 것이야말로 바보 짓이다."[108]

전문가의 조언이나 전망을 따라 투자하는 것은 간편하고 실용적일지도 모른다. 하지만 막상 투자에 적용하려고 하면, 정보가 너무 많아 어떤 조언과 전망을 따라야 할지 결정하지 못한 채 우왕좌왕하게 된다. 만약 전문가들이 내놓는 모든 조언과 전망을 따르려면 당신은 엄청난 돈을 주식에 쏟아부어야 할 것이다.

맹목적으로 전문가의 진단에만 매달리는 일은 그만두자. 그레이엄이 말했듯이 직접 분석해서 자신만의 전략을 찾는 편이 훨씬 낫다. "나는 지수보다 덜 오른 종목을 찾는 단순한 투자자들은 말할 것도 없고, 증권 분석가들의 능력 또한 그다지 신뢰하지 않는다."[109]

길거리에서 주운 담배꽁초에는 한 모금밖에 남아 있지 않다.

그렇지만 담배꽁초와 같은 기업을 '헐값에 매입'해

마지막 남은 한 모금을 빨아내면 투자에 성공할 수 있다.[110]

버핏이 동냥하듯
배워간 투자법

앞의 인용구는 벤저민 그레이엄이 아니라 그의 제자이자 직원이었던 워런 버핏이 했던 말이다. 그레이엄-뉴먼 투자 회사에서 일할 때 버핏의 업무는 '마지막 한 모금이 남아 있는 담배꽁초'와 같은 기업을 찾아내 헐값에 매수하는 것이었다. 버핏은 처음 그레이엄에게 이 투자 전략을 배웠을 때 엄청난 비기를 얻을 것처럼 기뻐했다고 한다.

초창기에 그레이엄은 이러한 소위 담배꽁초 주식들을 다

량으로 매입했다. 대표적인 예가 미주리캔자스텍사스레일로드 주식, 약칭 키티 주식이었다. 키티 주식은 전형적인 헐값 매수 전략이었는데, 이 전략을 실행하기 위해서 그레이엄은 앨프리드 뉴버거와 끈질기게 협상해야 했다.

"앨프리드 뉴버거는 내 계획을 이미 눈치채고 있었다. 아마도 그는 우리 회사에 관한 모든 정보를 미리 입수한 듯했다. 그는 사무실로 나를 불러 멀쩡한 담배 한 대를 쥐어주었다."[111]

1920년대에는 주식회사들이 자산 가치를 숨기는 것이 일반적이었지만, 자산 공개 의무가 강화되고 기업의 투명성이 요구되면서 헐값 매수로 수익을 올리기가 어려워졌다. 사실 담배꽁초를 주워봐야 피울 만한 부분도 거의 남아 있지 않은 요즘 같은 시대에는 '담배꽁초를 주워서 마지막 한 모금을 즐기는 것'조차 거의 불가능에 가깝다. 그런 정보는 모든 사람에게 금세 전파되기 때문이다

그레이엄이 투자가로 활동할 때 애용했던 차익 거래 전략

도 마찬가지로 힘들어졌다. 차익 거래에서는 시간 및 공간
적 가격 차이를 이용한다. 이를테면 당시는 증시마다 시세
가 달랐기 때문에 한 곳에서 싼값에 매수해 다른 증시에서
비싼 값에 매도하는 것이 가능했다.

대표적인 예가 1920년대 초반 그레이엄이 큰 수익을 올렸
던 일본 국채 매수다. "프랑 대 엔의 환율 차이 때문에 파
리에서 국채는 액면에 프리미엄을 붙여 거래할 수 있었던
반면, 일본 투자자들은 비싼 중개 수수료를 반영한다고 해
도 대폭 할인된 가격으로 매입할 수 있었다."[112]

정보화 시대에 증시에서
선물은 서로 나눠 갖기 어렵다

담배꽁초 전략의 투자 대상은 '마지막 한 모금 정도의 수
익은 노려볼 수 있지만 BPS가 현재 주가보다 높은 기업'
이다. 현대에 이 전략은 투기성이 높은 전략으로 간주된
다. 또한 인터넷이나 증시 전광판과 같은 정보원이 존재하

지 않던 시절에는 담배꽁초 전략이 잘 먹혔지만, 지금은 거의 모든 투자자가 외면하는 낡아빠진 전략으로 여겨지고 있다. 지금 이 전략을 써먹는 투자자는 리스크가 큰 투자에 승부를 거는 이들뿐이다.

만약 당신이 기업 분석 중에 담배꽁초 후보를 발견했다면, 우선 그 기업에 대해 얼마나 많은 정보를 확보하고 있는지부터 다시 점검해보길 바란다. 당신이 거주하고 있는 지역이나 특수 분야의 상장 기업 중에 소규모이지만 평가 결과가 좋은 기업들이 있을 것이다. 하지만 십중팔구는 당신이 정보 우위를 차지할 수 없을 것이다. 이런 기업은 투자 대상에서 과감하게 지워버려라! 차익 거래도 마찬가지다. 당신에게 그 정보가 간 시점에는 이미 시장의 모든 투자자에게도 그 정보가 퍼졌을 확률이 매우 높다. 안타깝게도 이 전략들은 시장이 점점 투명해지면서 활용할 수 없게 되었다.

그레이엄 역시 제2차 세계대전 후 담배꽁초 전략과 차익 거래가 이미 시대에 뒤떨어진 전략이라는 사실을 깨달았다. 그가 62세에 현장에서 은퇴한 것도 이와 무관하지 않다. 하지만 그의 가장 유명한 제자 워런 버핏은 스승의 전략을 버리지 않고 자신만의 스타일로 진화시켰다. 그는 가치투자 전략으로 90세의 고령에도 주식 투자자로 활발하게 활동하고 있다.

사업처럼 하는 투자가

가장 현명한 투자다.

그레이엄의
주식 선택 십계명

말년에 벤저민 그레이엄은 내재가치를 기반으로 아주 탄탄한 기업의 주식을 선택하는 10가지 원칙을 발표했다. 리처드 팔론Richard Phalon은 『Forbes, 세상에서 가장 위대한 투자 이야기』[113]에서 이 원칙을 그레이엄의 마지막 조언이라고 표현했다. 그 '십계명'은 다음과 같다.

하나, 주식 수익률(=EPS/주가)은 AAA 평가를 받은 1등급 채권 수익률의 최소 두 배가 되어야 한다.

둘, PER은 과거 5년 동안 각 종목 PER 최대치 평균의 0.4배여야 한다.

셋, DY는 AAA평가를 받은 최고 등급 채권수익률의 최소 3분의 2를 기록해야 한다.

넷, 주가가 BPS 대비 3분의 2 이하여야 한다.

다섯, 시가총액이 순유동자산가치Net Current Asset Value(NCAV) 대비 3분의 2 이하여야 한다. NCAV란 유동자산에서 부채 총액을 감산한 값이다.

여섯, 부채 총액은 유형자산 내지 자기자본보다 적어야 한다.

일곱, 3등급 유동성, 유동비율은 2 이상을 기록해야 한다.

여덟, 부채 총액은 NCAV의 두 배 미만이어야 한다.

아홉, 과거 10년 동안 당기 순이익이 두 배로 증가해야 한다.

열, 관찰 대상 기업이 안정적인 당기 순이익을 보이고 있다면 과거 10년 동안 두 번 이상 5퍼센트 이상 당기 순이익이 감소해서는 안 된다.

그레이엄이 말한 '십계명'은 학계의 연구를 통해서도 검증되었으나 결코 절대적인 전략은 아니다. 경제 전문 저널리스트 재닛 로우는 이 열 가지 원칙을 반드시 지킬 필요는 없으며 상황에 맞춰 적용해야 한다고 말한다.

만약 당신이 고정적인 수입이 필요한 투자자라면 1번부터 7번까지의 항목에 특히 유의해야 하며, 그중에서도 특히 3번을 집중적으로 살펴보아야 한다.

안전과 성장 모두 놓치고 싶지 않다면 1번부터 5번, 9번부터 10번을 집중적으로 적용하고 3번 항목은 무시해도 된다.

마지막으로 이른바 '대박'을 노리고 있다면 특히 9번과 10번을 집중적으로 살피면 된다. 이런 투자자들에게 4번부터 6번까지는 상대적으로 중요성이 떨어지며 3번은 무시해도 좋다.[114]

부록

벤저민 그레이엄이 평생 고수한 8가지 투자 불문율

더 클래식 벤저민 그레이엄 연대표

더 클래식 투자 용어 사전

벤저민 그레이엄이 평생 고수한 8가지 투자 불문율

마지막으로, 역사상 위대한 투자가로 손꼽히는 거장들마저 존경했던 투자의 스승 벤저민 그레이엄의 투자 불문율 8가지를 소개한다. 이제 막 투자에 입문한 사람이라면 반드시 읽어보기 바란다. 워런 버핏과 존 템플턴 같은 투자의 전설들도 실은 모두 이와 같은 아주 기초적인 원칙들로부터 시작했다.

1. 초보 투자자라면 일단 자신이 속한 국가의 주식 시장 상장 종목 중 20~30개를 선택한다. 선택한 종목을 보면서 다양한 분야의 주식을 골랐는지 확인한다.

2. 해당 종목들의 PER, PBR, PCR, DY 등 투자 지표를 수집해 표로 정리한다.

3. 자신이 선택한 주식의 투자 지표를 평가하면서 표를 분석한 후, 매수 우선순위를 매긴다.

4. 과거 사업 연도 사업보고서, 신문기사 등 기타 배경 정보를 수집한다. 이 정보를 다른 것보다 우선순위에 둬야 한다.

5. 과거 몇 년간 수치가 어떻게 변동했는지 그 추이를 조사한다. 과거 5년 동안 투자자에게 꾸준히 배당금이 지급되었는지, 또 새로운 사업 계획을 발표했는지, 그리고 그 계획을 제대로 실행했는지 살펴본다.

6. 몇 주, 혹은 몇 달 동안 분석한 수치를 관찰한 후

투자를 결정한다. 다양한 업종의 종목을 매수하
는 경우 리스크를 분산 혹은 최소화했는지 확인
한다.

7. 매수 결정 시 투자 전문가의 의견을 무조건 따
르지 말고 자신의 분석 결과를 기준으로 삼는다.

8. 매입 결정 시 시세 변동을 기준으로 삼지 말고
자신이 작성한 투자 우선순위 리스트를 따른다.

더 클래식 벤저민 그레이엄 연대표

1894년 **출생**

런던에서 아이작 그로스바움과 도라 그로스바움의 셋째 아들로 태어났다.

1895년 **미국 이민**

1910년 **뉴욕시립대학교 입학**

1911년 **컬럼비아대학교 입학**

뛰어난 성적을 자랑했던 그레이엄은 컬럼비아대학교 장학금에 지원했으나 떨어졌고, 학비를 감당할 수 없었기에 뉴욕시립대학교에 진학했다. 그러나 1년 후 장학금에 재도전해 마침내 컬럼비아대학교에 입학하게 된다.

1914년　　**뉴버거, 헨더슨앤드러브 중개회사 취직**

졸업 후 그레이엄은 컬럼비아대학교와 브리얼
리스쿨 등에서 교수직을 제안받았지만 모든 제
의를 거절하고 월스트리트로 향했다. 그의 첫 경
력은 NHL 정산소의 보조 직원이었다.

1915년　　**첫 주식 매수**

이때부터 그레이엄은 주식 투자로 NHL에 수익
을 가져다주기 시작했다. 그는 이미 증권 분석가
의 길을 걷고 있었다. 당시 회사 경영자들은 자
산 가치를 숨기려 애썼고, 그렇기에 그레이엄의
능력은 더욱 빛을 발했다.

1917년　　**첫 번째 투자 실패**

그레이엄은 스승이었던 영문학 교수 앨저넌 태
신의 투자를 관리했으나 약세장이 이어지면서
완전히 깡통계좌가 되고 말았다. 그는 이때 절망

에 빠져 자살까지 생각했다고 한다.

1919년   두 번째 투자 실패

새볼드타이어라는 스타트업에 투자했으나 실패하고 만다. 그레이엄은 이때부터 투기성 투자를 멀리하기 시작한다.

1923년   그레이엄코퍼레이션 창업

보조 직원으로 증권업계에 입문한 지 9년 만에 드디어 독립의 첫발을 뗀다. 그러나 해리스 형제와의 의견 차이로 2년 반 만에 사업을 정리한다.

1926년   벤저민그레이엄컨소시엄 구성

1927년   컬럼비아대학교, 뉴욕증권연수원 출강

유가증권 분석을 주제로 강의를 시작한다. 그의 강의는 큰 인기를 끌어 강의실이 수강생들로 넘쳐났다. 이때 데이비드 도드를 만나게 된다.

1929년   **대공황**

대공황은 1930년대 중반까지 이어졌다. 그레이엄은 1929년의 1차 주식 시장 붕괴는 그럭저럭 극복해냈지만, 1930년에도 포트폴리오를 조정하지 않은 바람에 큰 타격을 입었다.

1932년   **『벤저민 그레이엄의 증권분석』 집필**

펀드에서 한 푼도 벌지 못해 넉넉지 않은 수입으로 생계를 꾸려나가던 그레이엄은 고심 끝에 돈벌이를 위해 가치투자에 관한 교재 집필을 데이비드 도드와 함께 시작한다.

1936년   **그레이엄-뉴먼 투자회사 설립**

벤저민그레이엄컨소시엄을 해체하고 새 투자회사를 설립한 그레이엄은 담배꽁초 주식을 찾는 데 주력했다.

1947년   **재무 분석가 재단 제1차 연례회의 연설**

증권 분석가라는 직업에 전문화된 표준과 공식

시험을 도입할 것을 요청하는 등, 그레이엄은 증권 분석가라는 직업을 전문화하기 위해 힘썼다. 그는 이때부터 주식 투자 외에 다른 외부 활동에도 많은 시간을 투자했다.

1948년　　가이코 지분 대량 인수

1949년　　『현명한 투자자』 출간

1950년　　워런 버핏 만남

1954년　　뉴먼앤드그레이엄 합자회사 자본 600만 달러 기록

1950년대 초반 투자자들의 압력에 못 이겨 새로 출시한 펀드 '뉴먼앤드그레이엄 합자회사'는 초기 자본 257만 달러에서 빠른 시간 안에 600만 달러를 달성했다. 이 해 제자 워런 버핏을 증권 분석가로 영입했다.

1956년   **은퇴 선언**

투자에 대한 열정이 식어버린 그레이엄은 그레이엄-뉴먼 투자회사와 설립한 지 몇 년 되지 않은 뉴먼앤드그레이엄 합자회사를 정리하고 62세의 나이로 은퇴를 선언했다.

1976년   **사망**

더 클래식 투자 용어 사전

가치 상승형 펀드

특정한 투자 철학에 얽매이지 않고 자유롭게 구성된 펀드. 피터 린치의 마젤란 펀드가 대표적인 가치 상승형 펀드다.

가치투자

증권 분석의 한 방법으로, 기본적 분석의 변형이다. 가치투자자들은 가격(주가)이 한 기업의 내재가치보다 낮을 때 투자한다. 일반적으로 이런 기업의 주가수익비율은 낮고 배당수익률은 평균치보다 높다. 가치투자자의 목표는 저평가된 기업을 골라 투자하는 것이다. 가치투자는 1930년대에 미국의 투자가 벤저민 그레이엄과 데이비드 도드가 개발했다.

공개 매수

특정 기업에 대한 통제권을 얻을 목적으로 주식을 대량으로 매수하는 행위. 기업에 대한 통제권은 해당 기업 주식의 30퍼센트 이상을 매수하면 얻을 수 있다.

공매도

매도 시점에 시장 참여자들의 소유 상태가 규정되지 않은 상태에서 주식, 상품, 외환 등이 매도되는 경우를 일컫는다. 일반적으로 나중에 더 낮은 가격으로 주식을 매입하려는 투자자들이 공매도를 이용한다.

관리 수수료

운용되고 있는 투자 펀드에 대해 펀드 소유주에게 매년 부과되는 수수료를 말한다. 이 수수료는 펀드 자산에서 공제되므로 그만큼 펀드 수익도 줄어든다.

국가 펀드

특정 국가의 기업에 투자하는 펀드. 수익률 변동 폭이 크지 않아 국가 펀드 투자자들은 인내심이 필요하다. 반주기적

매도에 치우치는 경향이 있으며 일반적으로 수수료가 높은 편이다. 환율 리스크가 결코 적지 않다는 것에도 유의해야 한다.

글로벌 주식 예탁증서

'GDR(Global Depository Receipts)'라고도 불린다. 증시에서 주식을 대리 거래할 수 있도록 허용하는 채무 증서 혹은 예탁 증서를 일컫는다. 미국 예탁증서와 마찬가지로 주식을 수탁하고 있는 금융기관에서 발행하지만, 글로벌 주식 예탁증서는 비미국계 금융 기관에서 발행한다는 점에서 다르다. 미국 예탁증서는 국내 증시에 상장되지 않은 해외 주식을 거래할 때 사용되는 대체 증권이다.

금융 지표

한 기업의 경제적 성과를 평가하는 모든 경영 지표를 말한다. 대표적인 예로 배당수익률, 자기자본비율, 자기자본수익률, 주가수익비율, 주가장부가치비율, 주가현금흐름비율, 주가매출비율 등이 있다.

기본적 분석

대차대조표 수치, 주가수익비율, 배당수익률 등 경영에 관한 기본 데이터를 바탕으로 기업을 평가하는 분석법.

기술적 분석

주식 시세를 중심으로 주가의 미래 가치를 분석하는 방법으로, 여기에서는 차트 분석을 의미한다. 과거 시세를 바탕으로 향후 주가 동향을 귀납적으로 추론한다.

기업 공개

주식회사가 주식 시장에 처음 상장하거나 첫 매도하는 것을 의미한다. 'IPO(Initial Public Offering)'라고도 불린다.

내재가치

대차대조표 혹은 금융 지표 분석을 바탕으로 평가된 한 기업의 가치. 내재가치는 자기자본과 숨은 자산의 합을 주식의 수로 나눈 것이다. 내재가치가 현재 주가보다 (월등히) 높을 때 주식은 저평가된 것으로 평가할 수 있다.

다우존스 산업 평균 지수

약칭 '다우지수'로 불리며 미국 투자 시장을 대표하는 주가지수다. 세계에서 가장 오래된 주가지수로, 1884년 찰스 다우가 산출했다. 참고로 미국 30대 상장 기업의 평균 주가지수인 다우지수는 주가지수가 아니라 시세지수다. 다우존스 산업 평균 지수는 배당금의 영향을 받지 않는다.

담배꽁초 전략

워런 버핏은 스승 벤저민 그레이엄이 주식을 선정하는 전략을 담배꽁초 전략이라고 표현했다. 마지막 한 모금의 가치는 남아 있으나 담배꽁초처럼 버려지는 기업들이 있다. 담배꽁초를 주우면 공짜로 한 모금 피울 수 있듯이 이런 기업의 주식을 모아 투자해 수익을 올리는 전략이다.

대차대조표

특정 시점 한 기업의 자산 상태를 비교해 놓은 표를 의미한다. 대차대조표의 차변에는 지출 내역을, 대변에는 자본의 출처를 기록한다. 모든 주식 투자의 기본 데이터로 활용되는 매우 중요한 지표다.

대형주

시가총액과 주가가 두루 높은 대기업 주식. 동의어로 '블루칩'이 있다.

데이비드 도드

미국의 경제학자이자 투자가. 그는 벤저민 그레이엄과 함께 컬럼비아대학교에서 가치투자 전략을 연구했다.

독일 종합주가지수

'독일 닥스 지수'라고도 불린다. 프랑크푸르트 증시에 상장된 기업 중 30대 기업을 대상으로 구성된 종합주가지수로, 세계 투자 시장에서 네 번째로 규모가 큰 독일 증시의 동향을 판단하는 지표다.

레버리지 상품

외부 자본을 투입하면 자기자본수익률이 높아질 수 있다. 투자 영역에서는 레버리지 효과는 소위 파생상품, 선물, 옵션, 레버리지 채무 증서 혹은 차액 결제 거래 등을 통해서 얻을 수 있다. 기준가가 원래 예상했던 방향대로 발전하면 상승 쪽으로 기울고, 기준가가 예상했던 것과 반대 방향으로 발전하면 손실 쪽으로 기운다.

마켓 멀티플

특정 주가지수의 평균주가수익비율을 말한다. 예를 들어 다우지수의 마켓 멀티플은 지난 약 30년간 평균 18을 기록했다.

메뚜기

수익이 발생한 즉시 수익만 챙기고 빠지는 투자자들을 일컫는 표현이다. 기업을 향해 메뚜기 떼처럼 달려든다고 해서 이런 별명이 붙었다.

미국 예탁증서

'ADR(American Depository Receipts)'라고 불린다. 증시에서 주식을 대리 거래할 수 있도록 허용하는 채무 증서 혹은 예탁 증서를 말한다. 주식을 수탁하고 있는 미국의 금융 기관에서 발행한다. 국내 증시에 상장되지 않은 해외 주식을 거래할 때 사용되는 대체 증권으로 활용되기도 한다.

미국 증권거래위원회

줄여서 'SEC(Securities and Exchange Commission)'라고 부른다. 워싱턴 D.C.에 있으며 미국의 주식 시장을 감독하는 기관이다.

발행 수수료

투자 펀드를 발행할 때 처음 한 번 부과되는 매입 수수료를 일컫는다.

발행인(발행기관)

유가증권(기업, 은행, 보험, 국가)을 발행하는 사람 혹은 기관을 말한다. 발행된 유가증권은 주식이 될 수도 있고 채권이 될 수도 있다.

배당금

수익에 참여하는 행위에 대한 대가. 규모와 지급 횟수 등은 주식회사의 주주총회에서 결의한다. 독일에서는 1년에 1회 배당금을 지급하는 것이 일반적이나, 미국에서는 1년에 4회 배당금을 지급한다. 배당금 지급일에 주주는 반드시 해당 주식을 보유하고 있어야 한다.

버나드 바루크

미국의 금융가이자 주식 투자자, 정치 자문, 자선가였다. 뉴욕 증시에서 성공하면서 그는 '월스트리트의 왕'으로 알려졌다. 바루크는 미국의 여러 대통령의 정치 자문을 담당했을 뿐만 아니라, 윈스턴 처칠 영국 총리 내각에서도 잠시 일했다.

버크셔해서웨이

1955년 섬유 기업 버크셔와 해서웨이는 버크셔해서웨이로 합병되었다. 후속 절차로 1966년 워런 버핏은 버크셔해서웨이 주식을 매수하기 시작해 이사회 임원 자리에 올랐다. 이후 사양길로 접어든 섬유 산업을 정리하고 수익성 높은 사업을 중심으로 버크셔해서웨이의 자본이 투자되었다. 1985년 버크셔해서웨이는 워런 버핏 회장과 찰리 멍거 부회장의 경영 체제하에 순수하게 투자 지주회사 역할만 하고 있다.

법인

고유한 권리능력을 갖는 조직(기업이나 기관 투자가 등)을 말한다. 이때의 법인은 자연인에 대비되는 개념이다. 예를 들어 주식회사도 일종의 법인이다.

베어 마켓

마치 곰이 하염없이 엎드려 잠을 자듯 하락세가 지속되는 장을 일컫는다. '약세장'이라고도 한다.

베타

전체 시장과 비교해 주식의 변동성을 측정하는 단위다. 시장 지수의 베타는 1이다. 베타가 1 이상인 경우 지수보다 크게 변동하거나 상승하는 것으로 평가할 수 있다. 베타 계수가 높은 주식일수록 리스크가 크다.

벤저민 그레이엄

미국의 경제학자이자 투자자다. 데이비드 도드와 함께 뉴욕 컬럼비아대학교에서 기본적 분석을 개발했다. 훗날 투자의 대가가 되는 존 템플턴과 워런 버핏도 당시 그의 제자였다.

보통주

보통주 소유주는 정기 주주총회에서 발언권을 갖는다. 발언권이 없는 주식을 우선주라고 한다.

부채율

한 기업의 자기자본에 대한 외부자본 비율을 일컫는다. 부채율이 2라는 것은 그 기업의 외부자본이 자기자본의 2배라는 뜻이다.

분산투자

투자 원금의 손실 위험을 줄이기 위한 투자법이다. 투자자들은 자신이 보유하고 있는 투자 자금을 다양한 주식이나 채권, 펀드 등의 투자 유형으로 분산시켜 증시가 어떻게 변하더라도 한꺼번에 악화되지 않도록 대비한다. 그러나 워런 버핏은 지나치게 광범위하게 분산투자하는 전략은 투자수익률을 떨어뜨린다며 거듭 경고한 바 있다.

불 마켓

마치 황소가 돌진하듯 상승세가 지속되는 장을 일컫는다. '강세장'이라고도 한다.

브로커

고객에게 주식을 매수하거나 매입하는 주식 중개인을 말한다. 투자 은행에서 고객을 위해 유가증권을 관리하거나 고객의 요청 사항을 처리하는 이들에게도 같은 명칭을 사용한다.

블루칩

대형 주식회사 중에서도 매출이 높은 주식을 블루칩이라고 한다.

상장지수펀드

'ETF(Exchange Traded Funds)'라고 불린다. 자산 구조가 지수를 기준으로 구성되고 평가되는 투자 펀드를 말한다. 상장지수펀드 관리는 큰 규모의 분석팀 없이 가능하기 때문에 관리 비용이 저렴하다. 상장지수펀드는 거의 모든 투자 유형에 적용할 수 있다. 상장지수펀드로 투자자들은 주식, 원자재, 채권, 파생상품 등에 손쉽게 투자할 수 있다.

상품가격연동증권

'ETC(Exchange Traded Commodities)'라고도 부른다. 유가증권을 발행하는 기관에서 기간 제한 없이 발행하는 채권 증서로, 항상 상품과 관련이 있다. 예를 들어 귀금속 상품가격연동증권은 금을 기준가로 삼는다. 유가증권거래소에서 거래된다.

선물

지정된 분량의 상품을 구체적인 가격과 정해진 기간 내에 매수 혹은 매도한다는 내용을 합의한 일종의 계약서다. 주식 시장에서 거래되는 선물을 '금융 선물'이라고 한다.

상향식 접근 방식

기업이나 주식을 분석할 때 전반적인 경제 동향과 시장 진단의 영향을 받지 않고 주식 그 자체의 가치와 미래 전망 등에만 집중하는 분석 방법. 이런 방식을 따르는 투자자들을 '보텀업 투자자'라고 부른다.

샌디 고츠먼

미국의 성공한 투자 전문가다. 1964년 그는 뉴욕에 투자 컨설팅 회사 퍼스트맨해튼을 설립했다. 초창기부터 그는 버크셔해서웨이에 투자해왔으며, 2003년 이사회 임원으로 임명되었다.

성과지수

자본 변동이나 배당금 규모를 반영해 평가하는 지수. 성과 지수의 대표적인 예가 '닥스 지수'다. 성과지수에 대응되는 개념을 시세지수라고 한다.

성장형 펀드

주로 평균 이상의 실적을 달성하고 강한 성장 잠재력을 제 공하는 기업의 주식에 투자한다. 대표적인 예로 '템플턴 그 로스 펀드'가 있다.

섹터 펀드

석유 산업, 자동차 산업, 소비재 산업 등 특정 업종에만 투자하는 펀드.

소형주

시가총액 및 주가가 낮은 소기업 주식을 말한다.

수익

수익의 종류에도 여러 가지가 있다. 자기자본수익은 투입된 자기자본에 대한 이자를 말하고, 총수익은 투입된 자기자본과 외부자본에 대한 이자를 말한다. 매출수익은 일정 기간 동안의 수익을 백분율로 나타낸 것이다.

수익률

이자 수입이나 투자 수익을 원금으로 나눈 값이다.

스탠더드앤드푸어스 500 지수

약칭으로 'S&P 500(Standard & Poor's 500) 지수'로 부른다. 미국 주식 시장을 대표하는 지수다. 미국 500대 기업의 주가를 반영시켜 산출하며, 다우존스 산업 평균 지수와 마찬가지로 미국 경제 상태를 정확하게 반영하고 있다.

스톡피커

상장 기업 혹은 상장 기업의 주식을 계획적으로 투자하는 투자자들을 일컫는다.

스프레드(가산금리)

유가증권을 매수하거나 매도할 때 시세의 차익을 말한다.

시가총액

상장된 특정 기업 주식의 총 평가액을 말한다. 시가총액은 주가와 유통 주식 수를 곱하여 산출한다.

시세지수

성과지수와 달리 주식 그룹의 시세 동향만을 나타낸다. 시세지수에는 자본 변경 이력이나 배당금 규모 추이 등은 반영되지 않는다.

실적

주식, 투자 펀드, 상장 기업에 대한 자금 투자의 모든 시세 변동을 나타내는 개념이다.

안전마진

주식을 매수할 때 손실 위험을 방어하는 쿠션. 가치투자자들은 안전마진을 확보하기 위해 늘 투자하기 전에 해당 투자 기업의 내재가치를 추정한다. 가치투자자들은 내재가치에 비해 주가가 약 20~25퍼센트 이상 저렴할 경우 안전마진이 확보되었다고 평가한다.

액면분할

고가의 주식을 외관상으로 매력적으로 보이게 하기 위한 조치다. 주식의 액면가를 분할하는 것이므로 주식 수는 증가하지만 자본금은 동일하다. 액면분할을 하면 주가가 하락한다. 주가가 낮아지기 때문에 신규 투자자들에게는 진입 장벽이 낮아진다. 기존 주주들은 액면분할로 무상증자를 하지만, 주식의 가치는 동일하다. 액면분할로 주식의 수가 두 배로 늘어나는 경우 기존의 주주들은 두 배의 무상증자를 하는 셈이다.

연금기금

법적으로 독립적인 기관으로, 한 명 이상의 고용인이 피고용인에게 기업의 자본으로 운용되는 노령연금을 지급하도록 되어 있다. 피고용인은 연금기금에 지급을 청구할 권리를 갖는다. 연금기금은 평생 분할 지급받거나 일시금으로 지급받을 수 있다. 독일에서는 연금기금의 최대 90퍼센트를 주식에 투자할 수 있다. 연금기금으로 채권, 투자 펀드, 부동산, 채무 증서 등에 제한 없이 투자할 수 있다. 연금기금을 잘 활용하면 투자에서 큰 이득을 볼 수 있다.

외부자본

한 기업의 채무와 예비비로 구성된다. 쉽게 말해 대출, 저당 등을 뜻한다. 한 기업에 제공하는 모든 외부 자본을 뜻한다. 대차대조표에는 채무로 기입된다. 외부자본에 대비되는 개념은 자기자본이다.

우선주

수익 분배에 우선권을 갖는 주식으로 보통주보다 할당되는 배당금이 많다. 그러나 우선주 소유주는 정기 주주총회에서 발언권이 없다.

우호적 매수

공개 매수 계획 발표 전에 매수자와 피매수자가 합의에 도달한 경우를 뜻한다.

워런 버핏

미국의 가치투자자이자 대부호다. 투자사 버크셔해서웨이를 설립했다. 버크셔해서웨이의 'A주식'은 전 세계에 상장된 주식 중 가장 시세가 높다.

이사회

주식회사의 세 조직 가운데 하나다. 주식회사 이사회의 핵심 업무는 기업을 관리하고 법정과 법정 외에서 기업을 대표하는 것이다.

인덱스 펀드

다우 존스 등 주가지수를 모방하는 주식 펀드를 말한다. 현재는 대개 상장지수펀드라는 의미로 사용된다.

잉여현금흐름

투자에 당장은 필요하지 않은 현금흐름을 일컫는다.

자기자본

한 기업의 자기자본은 기업의 자산에서 부채를 공제한 것이다. 달리 표현해 자기자본은 창업자가 기업에 투자한 자본과 기업 활동을 통해 벌어들인 모든 수익을 말한다. 자기자본에 대비되는 개념은 외부자본이다.

자기자본비율

한 기업의 총자본(대차대조표 총액)에 대한 자기자본의 비중을 나타내는 금융 지표다. 자기자본비율은 한 기업의 자본구조와 기업의 신뢰성에 관한 정보를 제공한다. 권장되는 자기자본비율은 업종에 따라 다르다.

자기자본수익률

관찰 기간 동안 한 기업의 자기자본에 얼마나 많은 수익이 발생했는지 알려주는 지표. 수익을 자기자본으로 나눈 값이다.

자본

한 기업의 자본은 자기자본과 외부자본으로 구성된다. 대차대조표에서 부채라고 표현한다.

장부가치

한 기업의 자산 가치(현재 자산)에서 부채를 차감한 것이 장부가치다.

장외 거래

장외에서 주식을 거래할 경우에 사용되는 개념이다. 'OTC' 라고도 불리는데, OTC는 영어로 'Over The Counter' 약자다. 이는 '계산대 뒤에서'라는 뜻이다.

재무상태표

한 기업의 모든 재무 현황을 일목요연하게 정리한 문서.

적대적 매수

이사회, 감독위원회, 종업원의 사전 합의 없이 이뤄지는 주식회사의 공개매수.

전환 사채

채권의 일종으로, 주식회사에서 외부 자금을 조달할 목적으로 발행할 수 있다. 전환 사채의 보유자는 정해진 기간에 해당 기업의 주식으로 전환할 수 있다. 주식으로 전환하지 않으면 채권과 동일하다.

정기 주주총회

법으로 정해진 주주들의 모임으로, 한 기업의 보통주 보유자는 누구나 이사회의 초청을 받아야 한다. 정기 주주총회는 1년에 한 번 개최된다. 특별 안건이 있는 경우 임시 주주총회 소집도 가능하다. 정기 주주총회에서 이사회와 감독위원회, 이른바 주식회사 이사회의 업무 집행이 승인되고, 수익 사용이나 정관 결정을 결의한다. 증자, 인수 등 중차대한 사안을 협의한다.

정크 본드

'쓰레기 채권'이라는 뜻으로 원리금 상환 불이행의 위험이 큰 채권을 말한다. 재정 상태가 취약해 은행의 대출 승인을 받을 수 없는 기업들이 정크 본드를 발행한다. 리스크가 높기 때문에 일반적으로 금리가 높다.

존 템플턴

템플턴 그로스 펀드를 설립하였으며, 주식 역사상 가장 성공한 펀드매니저로 손꼽히는 인물이다.

주가 변동성

일정한 관찰 기간에 대한 한 주식의 표준편차(변동폭)를 일컫는다.

주가지수

주식 시장의 시세 변동을 수치로 나타낸 것이다.

주가매출비율

'PSR(Price Sales Ratio)'라고도 불린다. 특히 손실을 입은 주식의 가치를 평가하는 데 사용된다. 공산품 기업, 도매업, 원료 제조업 등 수익이 경기 동향에 좌우되는 주기성 주식의 경우, 주가매출비율을 평가의 기준으로 삼는다. 주가매출비율이 비교적 낮은 기업은 그렇지 않은 기업에 비해 가격 조건이 유리하다고 간주한다. 주가매출비율은 특정 종목의 시가 총액을 1주당 매출액으로 나눠 계산한다.

주가수익비율

'PER(Price Earning Ratio)'이라고 부른다. 한 기업의 주가가 현재 수익의 몇 배인지를 나타내는 금융 지표다. 주가수익비율은 주식 평가 시 가장 많이 사용되는 지표다. 그러나 손실을 입었을 경우 주가수익비율은 평가 기준으로 설득력이 없다. 이 경우에는 주가현금흐름비율을 기준으로 적용한다. 주가수익비율은 주가를 주당순이익으로 나눠 계산한다.

주가장부가치비율

'PBR(Price Book Value Ratio)'이라고 부른다. 주가장부가치비율은 워런 버핏, 벤저민 그레이엄 등의 가치투자자들이 주식과 기업을 평가하는 데 주로 사용했다. 주가장부가치비율이 낮을수록 주가가 낮다. 주가장부가치비율은 가치투자에서 특히 많이 사용된다. 주가장부가치비율은 주가를 주가장부가치로 나눠 계산한다. '주가순자산비율'이라고도 한다.

주가순이익성장비율

'PEG(Price Earnings to Growth Ratio)'이라고 부른다. 주가순이익성장비율은 성장주가 저평가 혹은 고평가되었는지 판단하는 기준으로 활용된다. 주가순이익성장비율이 1보다 낮은 경우 저평가되었다는 뜻이다.

주가현금흐름비율

'PCR(Price Cashflow Ratio)'이라고 부른다. 유동성을 가늠하는 금융 지표다. 손실이 발생한 경우 주가수익비율 대신 주가현금흐름비율이 적용된다. 이 경우 주가수익비율은 유동성 평가 기준으로서 설득력이 없기 때문이다. 특히 주가현금흐름비율은 기업 경영진이 분식 회계를 하는 경우 타격을 적게 입는다. 주가현금흐름비율이 낮을수록 주식의 가치가 높다.

주식

주식회사에 대한 지분을 증서로 발행한 유가증권이다. 주식 소유주(주주)는 기본적으로 주식회사의 사원이다. 주식회사는 주주에게 주식을 매도하여 자기자본을 마련한다.

주식 병합

주식을 병합하면 한 기업에서 발행한 주식의 수가 감소하거나, 주식의 액면가가 상승한다. 주식 병합 결과 분할 비율에 따라 주가가 상승한다. 예를 들어 주식이 지나치게 낮은 가격으로 거래될 때 주식 병합이 이뤄진다. 바로 이때 페니스톡을 노리고 투자자들이 몰려들기도 한다. 주식 병합의 반대 개념은 액면분할이다.

주식 옵션

계약으로 합의된 권리를 말한다. 주식 옵션은 거래 기간이 한정되어 있다. 대표적으로 콜옵션과 풋옵션 등이 있다. 콜옵션은 옵션 거래 기간 동안 미리 정해 놓은 가격(행사 가격)에 정해진 수만큼 매입할 수 있는 권리를 보장한다. 풋옵션은 주식 시세가 상승할 때 적은 자본을 투입해 시세 차익을 노리는 투기 목적으로 이용된다. 따라서 풋옵션은 시장이 하락할 때 포트폴리오를 방어하는 안전장치로 활용된다.

주식 환매

주식회사가 자사에서 발행한 주식을 다시 매입하는 것을 주식 환매라고 한다. 일반적으로 주식 환매 후에는 주식의 가치가 상승한다. 또는 기업 인수를 막기 위한 조치로 주식 환매가 이루어지기도 한다.

주식형 펀드

펀드매니저가 관리하는 특별 자산으로, 다양한 주식에 투자하는 펀드다. 주식형 펀드 외에도 부동산 펀드, 연금 펀드, 혼합형 펀드가 있다.

주식회사

주식법 1조에 의하면 주식회사는 고유의 법인격이 있는 회사다. 주식에는 주식회사의 자본이 분할되어 있다. 주식회사는 자사 주식을 증시에 상장시킬 수도 있고, 증시를 통해 매도나 재매수할 수 있다.

증거금

흔히 레버리지 투자를 하는 매수자들이 결제를 이행할 때 지불하는 보증금을 말한다. 증거금은 투기가 잘못되었을 때 손실을 청산하는 데 사용된다. 선물 거래나 공매도에서도 증거금이 필요하다.

증권 분석

적절한 종목을 선정하기 위해 유가증권을 체계적으로 연구하고 분석하는 과정을 말한다. 증권 분석 결과는 주식 매수, 보유, 매도를 판단하는 자료로 사용된다. 실무적으로는 세 종류의 증권 분석 방식이 있다. 기본적 분석, 기술적 분석, 심리 분석 등이 그것들이다.

증시

주식 (혹은 다른 상품)이 거래되는 장소를 말한다. 뉴욕, 런던, 도쿄에 위치한 증권 거래소가 가장 대표적이다.

짐 로저스

이른 나리에 주식 투자로 대성공을 거둔 미국의 투자자다. 로저스는 원자재 투자의 황제이자 중국 투자자로도 유명하다.

차액 결제 거래

약어로 'CFD(Contracts for Difference)'라고 불린다. 주식, 원자재, 통화 거래 시에는 시세 차익이 발생한다. 차액 결제 거래는 거래 당사자 간 이러한 시세 차익을 합의시켜주는 일종의 지불 합의다. 차액 결제 거래는 트레이더에게 일정한 기준을 정하지 않고 시세를 정할 수 있도록 허용한다. 차액 결제 거래는 투기성이 강하고 높은 수익을 달성할 수 있다는 점에서 매력적이다. 레버리지 효과가 발생하는 금융 상품으로, 자본을 적게 투입해서 수익을 크게 올릴 수 있다.

차익 거래

시간, 공간이 달라질 때 발생하는 가격 차이를 활용하는 투자법. 예를 들어 여러 지역에서 한 주식에 투자하는 경우 시세가 다를 수 있다. 이 경우 시세가 저렴한 지역에서 주식을 매입해, 더 높은 시세로 다른 지역에서 매도하면 시세 차익을 얻을 수 있다. 하지만 전자상거래 도입으로 시장의 투명성이 꾸준히 증가하면서 유가증권의 차익 거래는 그 의미를 잃고 있다.

찰리 멍거

미국의 법률가이자 가치투자자. 1978년부터 버크셔해서웨이의 부회장으로 활약 중이다.

채권

고정 금리의 유가증권을 말한다. 채권은 은행, 기업, 지방자치단체 등 여러 기관에서 발행한다.

채권 펀드

주로 채권에 투자하는 투자 펀드를 말한다. 채권 펀드에 투자할 경우 특히 금리가 인하되는 시기에 수익을 얻을 수 있다.

채무

한 기업이 공개적으로 책임져야 부채의 총합을 일컫는다. 은행 대출, 각 기업이 발행한 채권(회사채), 고객이 아직 지불하지 않은 할부금 등을 모두 포함한다. 한 기업의 채무는 대차대조표의 대변에 기입한다.

청산

파생상품, 유가증권, 외환 등을 매입하거나 매도할 때 상쇄 거래를 통해 기존의 부채를 정리하는 것을 뜻한다.

총자본수익률

한 기업이 자본으로 만들어낸 수익의 비율을 뜻한다. 어떤 기업의 총자본수익률이 10퍼센트라는 것은 이 기업이 100달러의 자본을 투입해 10달러의 수익을 거뒀다는 뜻이다.

총자산이익률

한 기업이 자산으로 벌어들인 모든 당기순이익의 비율을 뜻한다. 총자산이익률이 10퍼센트라면 100달러의 자산을 투입해 10달러의 당기순이익을 거뒀다는 뜻이다.

턴어라운드

어떤 기업이나 종목이 조직 개혁과 경영 혁신을 통해 실적이 개선되는 상황을 뜻한다.

투기꾼

장기적으로 투자할 목적이 아니라 단기적인 이익을 취하기 위해 주식을 매입한다. 투기꾼들은 리스크가 높은 주식에도 자주 투자한다. 독일어에서 '투기꾼'과 '무책임한 행위'는 동의어로 통한다.

투자 펀드

주식형 펀드, 부동산 펀드, 원자재 펀드, 채권 펀드 등으로 나뉜다. 여러 유형의 펀드에 투자하는 혼합형 펀드와, 여러 혼합형 펀드에 재투자하는 펀드 오브 펀드(재간접 펀드)로 구분하기도 한다. 투자 펀드를 구분하는 또 다른 기준은 접근성이다. 접근성에 따라 투자 펀드는 개방형 펀드와 폐쇄형 펀드로 구분된다, 개방형 펀드의 경우 언제든 채권을 거래할 수 있다. 폐쇄형 펀드인 경우 공모 기간에만 취득할 수 있고 만기가 되면 자본 회사는 펀드를 회수한다.

투자 지표

한 기업의 기본적 성과를 평가하는 모든 지표를 말한다. 배당수익률, 자기자본비율, 자기자본이익률, 주가수익비율, 주가순자산비율, 주가현금흐름비율, 주가매출비율 등이 포함된다.

트레이더

단기간에 유가증권을 매입하고 매도하는 전문 투자자. 이들은 수익성이 높은 분야에 투자해 시세 차익을 노린다.

티본드

10년에서 30년 기간을 두고 운용되는 미국의 단기 국채.

티빌

재무성 단기 증권. 한 달이나 1년 동안만 운용되는 미국의 단기 국채를 일컫는다.

파생상품

다른 금융상품의 시세 변동(기준치)에 따라 가격이 정해지는 금융상품. 파생상품은 각 기준치의 시세 변동을 크게 체감할 수 있도록, 즉 레버리지 효과를 낼 수 있도록 구성되어 있다. 파생상품은 주가가 하락했을 경우 손실에 대비할 수 있을 뿐만 아니라, 기준치보다 주가가 상승했을 때 수익을 얻을 수 있다. 가장 많이 거래되는 파생상품으로는 채무증서, 옵션, 선물, 차액 결제 거래 등이 있다.

펀드

라틴어에서 온 개념으로, 원래는 토지나 땅의 규모를 헤아리는 단위로 활용됐다. 자본주의 시대로 넘어와 펀드라는 단어는 자산과 자본을 아우르는 상위 개념으로 통용되고 있다. 투자 시장에서는 모든 투자 대상을 지칭하는 단어로 쓰인다.

펀드매니저

펀드를 관리하는 사람. 그들이 하는 일은 펀드 자산의 수익률을 최대한 높이고 투자하는 것이다. 펀드매니저는 투자 상황, 투자 원칙, 법적 투자 범위 내에서 투자를 결정한다. 피터 린치와 존 템플턴은 투자 역사에서 가장 성공한 펀드매니저로 손꼽힌다.

페니스톡

아주 낮은 가격으로 거래되는 주식을 말한다. 유럽에서는 1유로 미만으로 거래되는 주식을 말한다. 미국에서는 5달러 미만으로 거래되는 주식을 페니스톡이라고 부른다. 페니스톡은 주가 변동이 잦고 투기자들이 가장 좋아하는 투기 대상이다.

포트폴리오

한 투자자가 투자한 모든 자산군을 총칭한다.

포트폴리오 이론

광범위하게 분산된 포트폴리오를 통해 유가증권 투자에서

발생할 수 있는 리스크를 줄일 수 있다고 주장하는 이론. 포트폴리오 이론에 의하면 다양한 주식을 한 계좌에 예탁했을 때 유용하다. 포트폴리오 이론은 노벨경제학상 수상자 해리 M. 마코위츠에 의해 개발되었다.

피터 린치
피델리티 마젤란 펀드를 운용했으며 주식 역사상 가장 성공한 펀드매니저로 손꼽힌다.

하향식 접근 방식
추상적인 영역에서 점차 내려가 구체적인 영역으로 단계적으로 분석해나가는 투자 방식. 먼저 거시 경제와 업계의 전반적인 상황을 관찰하고, 특정 기업이나 원자재 등을 분석한다. '톱다운 투자'라고도 불린다. 이것과 반대되는 개념이 상향식 접근 방식(보텀업 투자)이다.

합병
두 개 이상의 독립적인 기업이 한 기업으로 합쳐지는 것을 말한다.

해자 전략

워런 버핏이 개발한 투자 전략. 한 기업이 경쟁업체가 절대로 이길 수 없는 경쟁 우위(해자)를 갖고 있다면, 이것은 매수의 근거가 될 수 있다. 버핏이 '절대 무너지지 않는 해자'로 판단하여 매수한 주식이 바로 코카콜라다. 이 덕분에 코카콜라도 해자를 갖게 되었다.

행동경제학

시장 참여자들이 보이는 비이성적인 행동을 심리학적으로 해석하는 경제 이런. 주식 시장에서 비이성적인 행동을 보이는 대표적인 예로, 벤저민 그레이엄이 만든 가상의 인물 '미스터 마켓'이 있다. 그레이엄은 미스터 마켓이라는 허구의 인물을 만들어 특정 상황에서 투자자들이 비이성적인 행동을 하는 이유를 설명했다.

현금흐름

한 기업의 유동성을 평가하는 기준이다. 현금흐름은 한 기업에 유입되고 유출되는 현금의 차이로 인해 발생한다.

헤지펀드

매우 자유롭게 투자 정책을 적용할 수 있는 투자 펀드다. 헤지펀드는 주로 투기나 헤징(가격 변동으로 인한 손실을 막기 위해 실시하는 금융 거래 행위–옮긴이)을 목적으로 하는 파생상품이다. 파생상품의 레버리지 효과를 통해 막대한 수익을 올릴 수 있지만 그만큼 손실 리스크도 매우 크다.

효율적 시장 가설

줄여서 'EMH(Efficient Market Hypothesis)'라고도 부른다. 금융 시장을 두고 '가만히 두어도 저절로 돌아가는 완벽한 (효율적인) 시장'이라고 주장하는 이론. 시장에 관한 모든 정보는 짧은 시간 내에 모든 시장 참여자에게 제공되며, 따라서 금융 시장에서 가격(주가)은 항상 균형 상태를 유지한다고 주장한다. 효율적 시장 가설 지지자들은 장기적으로 금융 시장에서는 그 누구도 평균치를 웃도는 수익을 얻을 수 없다고 주장한다. 효율적 시장 가설은 노벨경제학상 수상자인 미국의 경제학자 유진 파마가 주창했다. 이후 존 템플턴, 워런 버핏, 벤저민 그레이엄과 같은 가치투자자들이 반론을 제기했다.

미주

1   Smith, Adam (alias Goodman, George J.W.), Supermoney, Hoboken 2006, S. XXVII.

2   Loewe, Janet, Benjamin Graham–Leben, Gedanken und Anleger-Tipps, Bonn 1997, S. 8.

3   Buffett, Warren, The Superinvestors of Graham-and-Doddsville, in: Hermes, Magazin der Columbia Business School, New York 1984, S.7.

4   Ruane, Bill, zitiert in: Loewe, Janet, Benjamin Graham–Leben, Gedanken und Anleger- Tipps, Bonn 1997, S. 11.

5   Loewe, Janet, Benjamin Graham–Leben, Gedanken und Anleger-Tipps, Bonn 1997, S. 146.

6   Graham, Benjamin, So wurde ich zum Lehrmeister der Wall Street, Rosenheim 1999, S. 36.

7   Graham, Benjamin, So wurde ich zum Lehrmeister der Wall Street, Rosenheim 1999, S. 38.

8   Graham, Benjamin, So wurde ich zum Lehrmeister der Wall Street, Rosenheim 1999, S. 43.

9   Graham, Benjamin, So wurde ich zum Lehrmeister der Wall Street, Rosenheim 1999, S. 57.

10 Loewe, Janet, Benjamin Graham–Leben, Gedanken und Anleger-Tipps, Bonn 1997, S. 15.

11 Chatman, Seymour, in: Graham, Benjamin, So wurde ich zum Lehrmeister der Wall Street, Rosenheim 1999, S. 14 f.

12 Chatman, Seymour, in: Graham, Benjamin, So wurde ich zum Lehrmeister der Wall Street, Rosenheim 1999, S. 12.

13 Graham, Benjamin, So wurde ich zum Lehrmeister der Wall Street, Rosenheim 1999, S. 97.

14 Graham, Benjamin, So wurde ich zum Lehrmeister der Wall Street, Rosenheim 1999, S. 118.

15 Graham, Benjamin, So wurde ich zum Lehrmeister der Wall Street, Rosenheim 1999, S. 121.

16 Graham, Benjamin, So wurde ich zum Lehrmeister der Wall Street, Rosenheim 1999, S. 100.

17 Vgl. Chatman, Seymour, in: Graham, Benjamin, So wurde ich zum Lehrmeister der Wall Street, Rosenheim 1999, S. 18.

18 Graham, Benjamin, So wurde ich zum Lehrmeister der Wall Street, Rosenheim 1999, S. 323.

19 Graham, Benjamin, So wurde ich zum Lehrmeister der Wall Street, Rosenheim 1999, S. 137.

20 Graham, Benjamin, So wurde ich zum Lehrmeister der Wall Street, Rosenheim 1999, S. 136 f.

21 Loewe, Janet, Benjamin Graham–Leben, Gedanken und Anleger-Tipps, Bonn 1997, S. 19.

22 Graham, Benjamin, So wurde ich zum Lehrmeister der Wall Street, Rosenheim 1999, S. 126

23 Graham, Benjamin, So wurde ich zum Lehrmeister der Wall Street,

Rosenheim 1999, S. 90.

24 Schroeder, Alice, Warren Buffett–Das Leben ist wie ein Schneeball, München 2010, S. 190.

25 Graham, Benjamin, So wurde ich zum Lehrmeister der Wall Street, Rosenheim 1999, S. 157.

26 Graham, Benjamin, So wurde ich zum Lehrmeister der Wall Street, Rosenheim 1999, S. 171.

27 https://usa.usembassy.de/etexts/his/e_g_prices1.htm

28 Graham, Benjamin, So wurde ich zum Lehrmeister der Wall Street, Rosenheim 1999, S. 163.

29 Graham, Benjamin, So wurde ich zum Lehrmeister der Wall Street, Rosenheim 1999, S. 168.

30 Kahn, Irving; Milne Robert D., Benjamin Graham–The Father of Financial Analysis, in: Occa\-sional Paper Number 5, The Financial Analysts Research Foundation, Charlottesville 1977, S. 3.

31 Janet Lowe nennt hier explizit Bernard Baruch: Loewe, Janet, Benjamin Graham–Leben, Gedanken und Anleger-Tipps, Bonn 1997, S. 26.

32 Graham, Benjamin, So wurde ich zum Lehrmeister der Wall Street, Rosenheim 1999, S. 172 f.

33 Loewe, Janet, Benjamin Graham–Leben, Gedanken und Anleger-Tips, Bonn 1997, S. 26.

34 Graham, Benjamin, So wurde ich zum Lehrmeister der Wall Street, Rosenheim 1999, S. 174 f.

35 Kahn, Irving; Milne Robert D., Benjamin Graham–The Father of Financial Analysis, in: Occa\-sional Paper Number 5, The Financial Analysts Research Foundation, Charlottesville 1977, S. 4.

36 Dies war in etwa das Doppelte des US-Durchschnitteinkommens, das im Jahre 1920 bei 27 Dollar/Woche lag.

37 Graham, Benjamin, So wurde ich zum Lehrmeister der Wall Street, Rosenheim 1999, S. 147.

38 Graham, Benjamin, So wurde ich zum Lehrmeister der Wall Street, Rosenheim 1999, S. 212.

39 Graham, Benjamin, So wurde ich zum Lehrmeister der Wall Street, Rosenheim 1999, S. 212 f.

40 Loewe, Janet, Benjamin Graham–Leben, Gedanken und Anleger-Tipps, Bonn 1997, S. 24.

41 Graham, Benjamin, So wurde ich zum Lehrmeister der Wall Street, Rosenheim 1999, S. 171.

42 Kahn, Irving, zitiert in: Loewe, Janet, Benjamin Graham–Leben, Gedanken und Anleger- Tipps, Bonn 1997, S. 41.

43 Loewe, Janet, Benjamin Graham–Leben, Gedanken und Anleger-Tipps, Bonn 1997, S. 34.

44 Graham, Benjamin, So wurde ich zum Lehrmeister der Wall Street, Rosenheim 1999, S. 193.

45 Graham, Benjamin, So wurde ich zum Lehrmeister der Wall Street, Rosenheim 1999, S. 195.

46 Vgl. Kahn, Irving; Milne Robert D., Benjamin Graham–The Father of Financial Analysis, in: Occasional Paper Number 5, The Financial Analysts Research Foundation, Charlottesville 1977, S. 10 f.

47 Graham, Benjamin, So wurde ich zum Lehrmeister der Wall Street, Rosenheim 1999, S. 219.

48 Loewe, Janet, Benjamin Graham–Leben, Gedanken und Anleger-Tipps, Bonn 1997, S. 23.

49   Vgl. Kahn, Irving; Milne Robert D., Benjamin Graham–The Father of Financial Analysis, in: Occasional Paper Number 5, The Financial Analysts Research Foundation, Charlottesville 1977, S. 12.

50   Graham, Benjamin, So wurde ich zum Lehrmeister der Wall Street, Rosenheim 1999, S. 231.

51   Graham, Benjamin, So wurde ich zum Lehrmeister der Wall Street, Rosenheim 1999, S. 228.

52   Graham, Benjamin, So wurde ich zum Lehrmeister der Wall Street, Rosenheim 1999, S. 228.

53   Graham, Benjamin, So wurde ich zum Lehrmeister der Wall Street, Rosenheim 1999, S. 231.

54   Graham, Benjamin, So wurde ich zum Lehrmeister der Wall Street, Rosenheim 1999, S. 235.

55   Graham, Benjamin, So wurde ich zum Lehrmeister der Wall Street, Rosenheim 1999, S. 239.

56   Graham, Benjamin, So wurde ich zum Lehrmeister der Wall Street, Rosenheim 1999, S. 269.

57   Kahn, Irving; Milne Robert D., Benjamin Graham–The Father of Financial Analysis, in: Oc\-casional Paper Number 5, The Financial Analysts Research Foundation, Charlottesville 1977, S. 20.

58   Kahn, Irving; Milne Robert D., Benjamin Graham–The Father of Financial Analysis, in: Oc\-casional Paper Number 5, The Financial Analysts Research Foundation, Charlottesville 1977, S. 15.

59   Loewe, Janet, Benjamin Graham–Leben, Gedanken und Anleger-Tipps, Bonn 1997, S. 45.

60   Graham, Benjamin, So wurde ich zum Lehrmeister der Wall Street, Rosenheim 1999, S. 281.

61 NACHRUF BERNARD BARUCH 19. VIII. 1870 - 20. VI. 1965 in: Der Spiegel vom 30.06.1965

62 Kahn, Irving; Milne Robert D., Benjamin Graham–The Father of Financial Analysis, in: Oc\-casional Paper Number 5, The Financial Analysts Research Foundation, Charlottesville 1977, S. 16.

63 Graham, Benjamin, So wurde ich zum Lehrmeister der Wall Street, Rosenheim 1999, S. 275.

64 Als Beginn des großen Börsencrash wird oft der 25.10.–der »Schwarze Freitag«–genannt. Allerdings waren die Kursverluste an den beiden Tagen zuvor wesentlich höher ausgefallen.

65 Vgl. Kahn, Irving; Milne Robert D., Benjamin Graham–The Father of Financial Analysis, in: Occasional Paper Number 5, The Financial Analysts Research Foundation, Charlottesville 1977, S. 18.

66 Graham, Benjamin, So wurde ich zum Lehrmeister der Wall Street, Rosenheim 1999, S. 285.

67 Graham, Benjamin, So wurde ich zum Lehrmeister der Wall Street, Rosenheim 1999, S. 292.

68 Graham, Benjamin, So wurde ich zum Lehrmeister der Wall Street, Rosenheim 1999, S. 298.

69 Graham, Benjamin, So wurde ich zum Lehrmeister der Wall Street, Rosenheim 1999, S. 314.

70 Chatman, Seymour, in: Graham, Benjamin, So wurde ich zum Lehrmeister der Wall Street, Rosenheim 1999, S. 7.

71 Graham-Newman Corporation, Letter to the Stockholders 1946 vom 28.02.1946, New York 1946, S. 1.

72 Loewe, Janet, Benjamin Graham–Leben, Gedanken und Anleger-Tipps, Bonn 1997, S. 93.

73 Graham, Benjamin, So wurde ich zum Lehrmeister der Wall Street, Rosenheim 1999, S. 303.

74 Graham-Newman Corporation, Letter to the Stockholders 1946, New York 1946, S. 1. (https://rbcpa.com/benjamin-graham/graham-newman-letters-to-shareholders/)

75 Loewe, Janet, Benjamin Graham–Leben, Gedanken und Anleger-Tipps, Bonn 1997, S. 95.

76 Loewe, Janet, Benjamin Graham–Leben, Gedanken und Anleger-Tipps, Bonn 1997, S. 128.

77 Loewe, Janet, Benjamin Graham–Leben, Gedanken und Anleger-Tipps, Bonn 1997, S. 151.

78 Der Titel der deutschen Ausgabe lautet »Intelligent investieren« und ist in der 8. Auflage im Finanzbuch Verlag erschienen.

79 Vgl. Loewe, Janet, Benjamin Graham–Leben, Gedanken und Anleger-Tipps, Bonn 1997, S. 139.

80 Schroeder, Alice, Warren Buffett–Das Leben ist wie ein Schneeball, München 2010, S. 228.

81 Schroeder, Alice, Warren Buffett–Das Leben ist wie ein Schneeball, München 2010, S. 229.

82 Lowenstein, Roger, Buffett–Die Geschichte eines amerikanischen Kapitalisten, Kulmbach 2009, S. 102.

83 Schroeder, Alice, Warren Buffett–Das Leben ist wie ein Schneeball, München 2010, S. 230.

84 Lowenstein, Roger, Buffett–Die Geschichte eines amerikanischen Kapitalisten, Kulmbach 2009, S. 105.

85 Schroeder, Alice, Warren Buffett–Das Leben ist wie ein Schneeball, München 2010, S. 242.

86 Chatman, Seymour, in: Graham, Benjamin, So wurde ich zum Lehrmeister der Wall Street, Rosenheim 1999, S. 21.

87 Graham, Benjamin, So wurde ich zum Lehrmeister der Wall Street, Rosenheim 1999, S. 187.

88 Chatman, Seymour, in: Graham, Benjamin, So wurde ich zum Lehrmeister der Wall Street, Rosenheim 1999, S. 23.

89 Loewe, Janet, Benjamin Graham–Leben, Gedanken und Anleger-Tipps, Bonn 1997, S. 181.

90 Vgl. Loewe, Janet, Benjamin Graham–Leben, Gedanken und Anleger-Tipps, Bonn 1997, S. 1.

91 Graham, Benjamin, Intelligent investieren–Der Bestseller über die richtige Anlagestrategie, München 2016, S. 549.

92 Vorwort von Warren Buffett in: Graham, Benjamin, Die Geheimnisse der WertpapieranalyW-se–Überlegenes Wissen für Ihre Anlageentscheidung, München 2016, S. 7.

93 Vorwort von Warren Buffett in: Graham, Benjamin, Intelligent investieren–Der Bestseller über die richtige Anlagestrategie, München 2016, S. 10.

94 Loewe, Janet, Damn right! Behind the Scenes with Berkshire Hathaway Billionaire Charlie Munger, New York 2000, S 76 f.

95 Charles Munger in einer Rede auf der Wesco-Hauptversammlung im Mai 1991.

96 Alternativ wird diese Investorenrunde in der Literatur auch als Buffett-Runde bezeichnet. Buffett nennt diese Gruppe einfach «our group».

97 Loewe, Janet, Benjamin Graham–Leben, Gedanken und Anleger-Tipps, Bonn 1997, S. 55.

98 Graham, Benjamin, Intelligent investieren–Der Bestseller über die richtige Anlagestrategie, München 2016, S. 220.

99 Graham, Benjamin, Die Geheimnisse der Wertpapieranalyse–Überlegenes Wissen für Ihre Anlageentscheidung, München 2016, S. 600 ff.

100 Graham, Benjamin, Intelligent investieren–Der Bestseller über die richtige Anlagestrategie, München 2016, S. 225.

101 Graham, Benjamin, Die Geheimnisse der Wertpapieranalyse–Überlegenes Wissen für Ihre Anlageentscheidung, München 2016, S. 34 ff.

102 Graham, Benjamin, Intelligent investieren–Der Bestseller über die richtige Anlagestrategie, München 2016, S. 537.

103 Graham, Benjamin, Intelligent investieren–Der Bestseller über die richtige Anlagestrategie, München 2016, S. 544.

104 Kahn, Irving u. Milne, Robert D. in: Benjamin Graham, The Father of Financial Analysis, Charlottesville 1977, S. 41.

105 Graham, Benjamin, Intelligent investieren–Der Bestseller über die richtige Anlagestrategie, München 2016, S. 225

106 .Graham, Benjamin, Intelligent investieren–Der Bestseller über die richtige Anlagestrategie, München 2016, S. 217.

107 Graham, Benjamin, Intelligent investieren–Der Bestseller über die richtige Anlagestrategie, München 2016, S. 211.

108 Graham, Benjamin, Intelligent investieren–Der Bestseller über die richtige Anlagestrategie, München 2016, S. 211.

109 Graham, Benjamin, So wurde ich zum Lehrmeister der Wall Street, Rosenheim 1999, S. 303.

110 Lettter to the Shareholders of Berkshire Hathaway Inc. 1989 vom

02.03.1990.

111 Graham, Benjamin, So wurde ich zum Lehrmeister der Wall Street, Rosenheim 1999, S. 173.

112 Graham, Benjamin, So wurde ich zum Lehrmeister der Wall Street, Rosenheim 1999, S. 195.

113 Phalon, Richard, Forbes greatest investing stories, New York 2001, S. 3.

114 Loewe, Janet, Die Graham-Methode, Bonn 1997, S. 142 ff.

워런 버핏(맨 왼쪽)이 그의 스승 벤저민 그레이엄(왼쪽에서 세 번째)과 함께 찍은 사진, 찰리 멍거(왼쪽에서 여섯 번째), 톰 냅(왼쪽에서 다섯 번째) 등 훗날 월스트리트를 대표하는 위대한 투자자들이 여럿 보인다.

내 투자 인생의 85퍼센트는

벤저민 그레이엄으로 구성되어 있다.

– 워런 버핏

더 클래식 벤저민 그레이엄

초판 1쇄 인쇄 2022년 5월 17일
초판 1쇄 발행 2022년 6월 7일

지은이 롤프 모리엔·하인츠 핀켈라우
옮긴이 강영옥
감수 신진오
펴낸이 김선식

경영총괄 김은영

책임편집 성기병 **디자인** 윤유정 **책임마케터** 이고은
콘텐츠사업1팀장 임보윤 **콘텐츠사업1팀** 윤유정, 한다혜, 성기병, 문주연
편집관리팀 조세현, 백설희 **저작권팀** 한승빈, 김재원, 이슬
마케팅본부장 권장규 **마케팅2팀** 이고은, 김지우
미디어홍보본부장 정명찬
홍보팀 안지혜, 김은지, 박재연, 이소영, 이예주, 오수미
뉴미디어팀 허지호, 박지수, 임유나, 송희진, 홍수경
경영관리본부 하미선, 이우철, 박상민, 윤이경, 김재경, 최완규
이지우, 김혜진, 오지영, 김소영, 안혜선, 김진경, 황호준, 양지환
물류관리팀 김형기, 김선진, 한유현, 민주홍, 전태환, 전태연, 양문현
외부스태프 표지 일러스트 손창현

펴낸곳 다산북스 **출판등록** 2005년 12월 23일 제313-2005-00277호
주소 경기도 파주시 회동길 490
전화 02-702-1724 **팩스** 02-703-2219 **이메일** dasanbooks@dasanbooks.com
홈페이지 www.dasan.group **블로그** blog.naver.com/dasan_books
종이 IPP **인쇄** 민언프린텍 **제본** 바운바인텍 **후가공** 제이오엘앤피

ISBN 979-11-306-9075-9 (04320)

다산북스(DASANBOOKS)는 독자 여러분의 책에 관한 아이디어와 원고 투고를 기쁜 마음으로 기다리고 있습니다.
책 출간을 원하는 아이디어가 있으신 분은 다산북스 홈페이지 '투고원고'란으로 간단한 개요와 취지, 연락처 등을 보내주세요.
머뭇거리지 말고 문을 두드리세요.